Zur Geschichte der

Sächsischen Leib-Grenadier-Garde (I)

14.08.1813 – 14.11.1813

Beiträge zur sächsischen Militärgeschichte zwischen 1793 und 1815

Heft 47

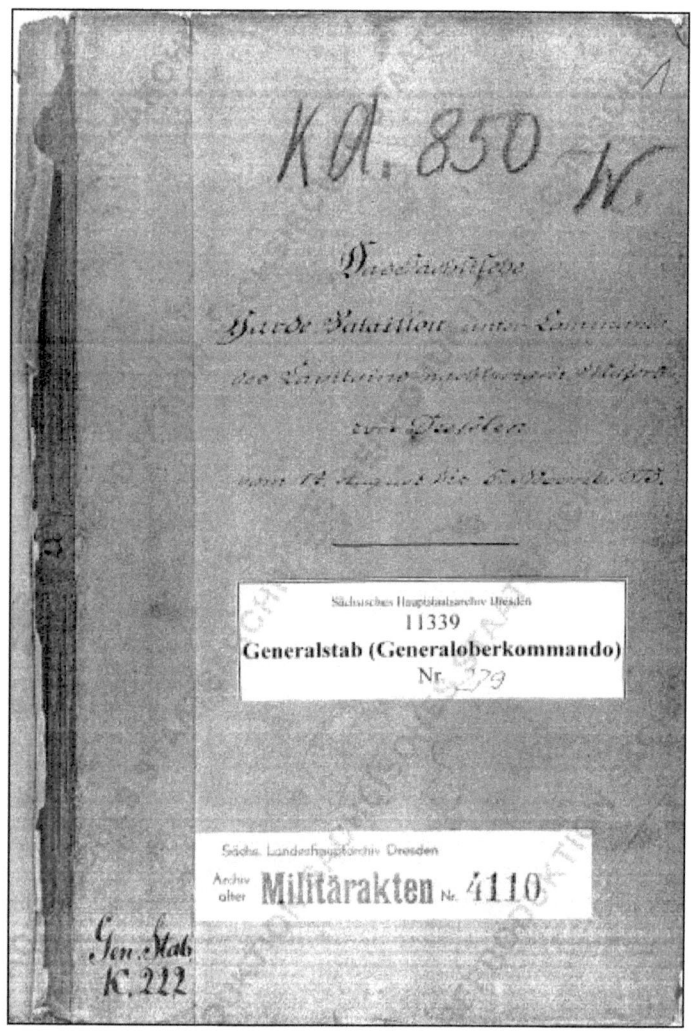

Abb.01　　　　Deckblatt Originalakte

Zur Geschichte der

Sächsischen Leib-Grenadier-Garde (I)

14.08.1813 – 14.11.1813

Bibliographische Information der Deutschen Bibliothek

Die Deutsche Bibliothek verzeichnet diese Publikation in der Deutschen Nationalbibliographie; detaillierte bibliographische Daten sind im Internet über http://dnb.ddb.de abrufbar.

Die Deutsche Bibliothek – CIP – Einheitsaufnahme

Jörg Titze (Hrsg.)

Zur Geschichte der Sächsischen Leib-Grenadier-Garde (I)

14.08.1813 – 14.11.1813

ISBN 978-3-7448-9755-6

Herstellung und Verlag:

BoD - Books on Demand, Norderstedt

Vorwort

Unter der Signatur 11 339 Generalstab Nr. 279 befindet sich im Hauptstaatsarchiv Dresden eine handschriftliche Akte mit dem Titel:

„Das Sächsische Garde-Bataillon unter Kommando des Capitaines nachherigen Majors von Dreßler[1] vom 14. August bis 5. November 1813".

Die Akte enthält außer dem Stempel „Leib-Infanterie-Brigade Stab D." keinerlei Hinweise auf den Autor und das Verfassungsdatum.

In der Akte offenbarte Details lassen darauf schließen, dass der Verfasser entweder Feldzugsteilnehmer im Stab des Bataillons oder aber über das Tagebuch bzw. die Tagebücher des Bataillons und/oder der Stabspersonen verfügte. Die Akte selbst ist eine Reinschrift, die keine Schlüsse, auf die Anzahl der an der Entstehung beteiligten Personen zulässt.

Die vom Verfasser zur Erläuterung aufgeführten Operationen der alliierten Heere in genannten Zeitabschnitt lassen unterstellen, dass er über ein entsprechendes Werk verfügte. Sollte dieses Werk der 2te Band von Plotho[2] gewesen sein, so dürfte das

---

[1] Friedrich von Dreßler und Scharfenstein. Geb. 1784 in Dresden, 1802 Sousleutnat, 1809 Premierleutnant, 1812 Capitain, 28.09.1813 Major; wird in der Stamm- und Ranglste von 1815 als 2ter Capitain I.Klasse und aggr. Major im Leib-Grenadier-Regiment / Garde-Bataillon geführt. 1824 pensioniert, † 03.09.1838.

[2] Carl v. Plotho, Der Krieg in Deutschland und Frankreich in den Jahren 1813 und 1814, 2ter Teil – 10.08.1813 bis Ende Dezember 1813

früheste Verfassungsdatum der vorliegenden Schrift auf bzw. kurz nach 1817 liegen. Rein gefühlsmäßig tippe ich – ohne dies beweisen zu können – auf den Zeitraum zwischen 1830 und 1850.

Die im Text der Akte enthaltenen Erläuterungen zu den Bewegungen und Operationen der französischen und alliierten Heere sind bei der Wiedergabe weggelassen worden, das sie dem Bataillon im genannten Zeitabschnitt nicht bekannt gewesen sein dürften, auch für den eigentlichen Zweck – die Geschichte der Leib-Grenadier-Garde – ohne Belang sowie im Plotho, Aster, Quistorp bzw. dem Preußischen oder Österreichischen Generalstabswerk sowie einschlägigen französischen Werken weit ausführlicher nachlesbar sind.

Die Kopie der Akte wurde mir dankenswerter Weise von Herrn Dr. Reinhard Münch zur Verfügung gestellt.

Natürlich möchte ich mich auch bei Ihnen, verehrter Leser, dafür bedanken, dass Sie sich zum Kauf dieses Buches entschlossen haben. Insofern Sie Anregungen und Kritiken haben oder mir einfach nur mitteilen wollen, ob Ihnen das Buch gefallen hat, so können Sie mich via email unter sachsen-titze@t-online.de erreichen.

Ihr

Jörg Titze

Nach allen kriegerischen Anstalten und Rüstungen, so wie zufolge der sich verbreitenden Gerüchte von den neuen Ausbruch der Feindseligkeiten, war fast nicht mehr an der Erneuerung des Krieges zu zweifeln, ohngeachtet dem 7ten Korps, welches die Königl. Sächs. Truppen und eine Division Franzosen ausmachten, nichts offizielles über diesen Gegenstand bekannt gemacht wurde. Der plötzliche Abmarsch dieses Korps, nach der brandenburgischen Grenze bestärkte die Vermutungen, und die am 17ten August bei Luckau erfolgte Bekanntmachung der Aufhebung des Waffenstillstandes, drückte ihnen den Stempel der Gewissheit auf. Leider! war die Wiedereröffnung des Krieges für das arme, schon durch den früheren Feldzug, und durch so viele während des Waffenstillstandes aufgestellte Truppen-Läger, immerwährende Durchmärsche, erpresste Lieferungen usw. ausgesogene Vaterland, eine traurige Aussicht für die Zukunft, und nur die ungewöhnlich reichhaltige Ernte, bot dem Landmann einen geringen Ersatz für den erlittenen großen Verlust dar. Die ergiebigen Kartoffeln wurden späterhin das fast einzige Rettungs- und Nahrungsmittel von vielen tausend Einwohnern und Soldaten, welche des täglichen Brotes beraubt, zu diesen wohltätigen Surrogat ihre immerwährende Zuflucht nehmen mussten. Etwas besser befand sich der Einwohner und Bürger in größeren Städten, wo die Truppen zu mehr Ordnung und einer etwas strengeren Disziplin angehalten wurden, und besonders der Handwerksmann manchen Verdienst hatte.

Die Sächsischen Truppen, welche während des Waffenstillstandes in und um Görlitz teils im Lager /: bei Nieder-Mois :/ standen, teils kantonnierten und bei welchen alle Ergänzungsmannschaften eingetroffen waren, erhielten am 12ten August 1813 eine neue Einteilung in zwei Divisionen, 4 Brigaden und eine leichte Reiter-Brigade. Den Oberbefehl derselben übernahm der bereits am 7ten dieses Monats von Torgau, wo die Rekruten-Bataillons gebildet worden waren, angekommenen Generalleutnant von Lecoq, und insbesondere das Kommando der 1sten Division. Die Einteilung war folgende:

I^{ste} **Division** **Generalleutnant von Lecoq**

1ste Brigade   Oberst von Brause

1 Bon Leib-Grenadier-Garde

2 Bne 1tes leichtes Inf.-Rgt. von Lecoq

1 Bon des Linien-Rgt.s Prinz Maximilian

1 Bon des Linien-Rgt.s von Rechten

1 Kpn Feldjäger

2te Brigade   Generalmajor von Mellentin

1 komb. Grenadier-Bon von Spiegel

2 Bne Inf.-Rgt. Prinz Friedrich

2 Bne Inf.-Rgt. von Steindel

1 Kpn Sappeurs

II^{te} **Division Generalleutnant von Sahr**

3te Brigade Oberst von Bose

1 komb Grenadier-Bon von Sperl

2 Bne 2tes leichtes Inf.-Rgt. von Sahr

1 Bon des Linien-Rgt.s König

1 Bon des Linien-Rgt.s von Niesemeuschel

4te Brigade Oberst von Ryssel

2 Bne Inf.-Rgt. Prinz Anton

2 Bne Inf.-Rgt. von Low

Leichte Reiter-Brigade Generalmajor von Gablenz

8 Schwadronen Husaren

5 Schwadronen Ulanen

Artillerie

vier 6pfd.ge Batterien, jede zu 8 Geschützen

zwei reitende Batterien, jede zu 6 Geschützen

In Reserve

eine 12pfd.ge Batterie zu 8 Geschützen

und den Hauptpark

Das Bataillon Niesemeuschel /: Major von Troski :/ war als Bedeckung des Hauptparks dahin kommandiert.

Der Major von Holleufer vom Garde-Regiment kommandierte provisorisch das Infanterie-Regiment Prinz Anton und der Major von Metzradt, ebenfalls vom Garde-Regiment, das Bataillon des Linien-Infanterie-Regiments des Königs.

Die Sächs. Truppen konnten beim Abmarsch aus Görlitz wenig über 15.000 Man betragen, worunter an 1.200 Mann Reiterei mit 52 Geschützen. Sie bildeten wie vor dem Waffenstillstand, mit der Französischen Division Durutte /: 8.000 Mann Infanterie mit 16 Geschützen :/ wobei sich ein Würzburgisches Regiment befand, und welche auch bei Görlitz, ohnfern Hermsdorf im Lager stand, das 7te Armeekorps unter den Befehlen des franz. Divisions-Generals Grafen Reynier, welches gegen 23.000 Mann stark war und 68 Geschütze mit sich führte.

Das 1ste Bataillon Leib-Grenadier-Garde /: das 2te blieb während des Feldzuges bis zur Abreise des Königs von Dresden, den 7ten Oktober d.J. in dieser Residenz :/ welches seit dem 15ten Juli in Görlitz stand, kam, wie aus der Einteilung zu ersehen, zur 1sten Division und 1sten Brigade, unter dem Obersten von Brause. Bei diesem Bataillon, welches kürzlich aus dem 2ten wieder ergänzt worden war, befanden sich folgende Offiziers angestellt und gegenwärtig:

Major von Jeschki

Adjutant von Dziembowski

Kapitän von Dreßler	1ste Komp.
Kapitän von Dziembowski	3te Komp.
Kapitän von Lindt	4te Komp.
Premierltn. von Dreßler	3te Komp.
Premierltn. von Bosse	1ste Komp.
Premierltn. von Weise	2te Komp.
Sousltn. von Kiesewetter	4te Komp.
Sousltn. von Woydt	1ste Komp.
Sousltn. von Nagorzewski	4te Komp.
Sousltn. von Thurn	2te Komp.
Sousltn. v.d. Planitz	3te Komp.

Hierüber der Ober-Regiments-Chirurg Rublack.

Sie waren, wie neben den Namen bemerkt, bei den Kompanien eingeteilt.

Der Etat des Bataillons

1 Major als Kommandant
1 Adjutant
1 Regiments-Chirurg
1 Fahnjunker
1 Bataillons-Tambour
1 Büchsenmacher
4 Kapitäns
4 Premierleutnants
8 Sousleutnants
4 Feldwebel
8 Sergeanten
2 Chirurgen
40 Korporals
12 Tambours
8 Zimmerleute
<u>720 Grenadiers</u>
816 Mann

Anmerkung:

1) Der Kapitän char. Major von Long /: 2te Komp. :/ befand sich bei dem Königl. Generalstab in Dresden kommandiert. Desgleichen war auch der Premierleutnant aggr. Kapitän v. Notsitz im Generalstab /: Adjutant beim Generalleutnant von Zeschau, Kommandant der Festung Königstein :/ angestellt. Nachstehende 4 Sousleutnants des 1sten Bataillons wurden bei andern

Linien-Regimentern provisorisch zur Dienstleistung versetzt:

von Mangold beim komb. Grenadier-Bataillon Spiegel

von Bosse d. 2te und

von Klüchtzner beim Regiment Anton

von Döring beim Regiment Low

2) Da der Major von Jeschki seit einigen Tagen krank geworden war, so übernahm einstweilen der Kapitän von Dreßler das Kommando des Bataillons. Dieser letztere Offizier hatte während des Waffenstillstandes den Orden der Französischen Ehrenlegion[3] und des Sächs. St. Heinrichs-Orden[4] erhalten.

Die 2te Sächs. Division brach den 13ten August auf, marschierte über Weißenberg, Hoyerswerda, Senftenberg, Altdöbern in die Gegend von Luckau, wo sie den 17ten August eintraf, mit ihr ging das Hauptquartier des General Reynier, das Ulanen-Regiment und der Artillerie-Park.

Den 14ten August Um 6 Uhr früh erwartete das Garde-Bataillon auf dem Niedermarkt, die aus dem Lager und Kantonierungen eintreffenden Truppen der 1sten Division, und schloss sich beim Abmarsch an das 1ste leichte Infanterie-Regiment an. Mit dieser Division marschierte das Husaren-Regiment. Die Truppen erhielten gedrängt Nachtquartiere. Das Garde-Bataillon

---

[3] Orden Nr. 36 028; erteilt am 14.06.1813
[4] Beliehen am 23.06.1813 für das Verhalten im Gefecht bei Reichenbach am 22.05.1813

nebst einem Teil des Husaren-Regiments das Dorf Klitten. Die Französische Division Durutte marschierte gleichfalls heute ab und schlug den Weg der 2ten Division ein.

Den 15ten August Die 1ste Division bezog Nachtquartier in und um Spielberg. Das Garde-Bataillon nebst einigen andern Bataillons erhielt gedachte Stadt, woselbst auch der Generalleutnant von Lecoq sein Quartier nahm, zu diesem Zweck angewiesen. Die Krankheit des Major von Jeschki, welcher der Division bisher im Wagen gefolgt war, nahm bedeutend zu, und er musste nach Dresden abgehen. Das Kommando des Garde-Bataillons wurde nunmehr dem Kapitän von Dreßler übergeben.

Den 16ten August Die Division erhielt Nachtquartier in und um das Städtchen Trepkau. Dem Garde-Bataillon wurden die Dörfer Brauckwitz, Kussel und Krendorf, jenseits Trepkau, angewiesen. Aus diesem Nachtquartier mussten auf 3 Tage Lebensmittel entnommen und durch Vorspannfuhren transportiert werden.

Den 17ten August Die 1ste Division versammelte sich bei Klau, marschierte durch Luckau und bezog in der Gegend Marschquartiere. Die Brigade Brause erhielt zu diesem Behuf das ziemlich große Dorf Langengrassen. Bevor die Truppen in die Quartiere entlassen wurden, ward ihnen die Aufkündigung des Waffenstillstandes und der Anfang der Feindseligkeiten bekannt gemacht. Über Österreichs gefassten Entschluss konnte man gar nichts bestimmtes erfahren. Das Garde-Bataillon setzte eine Feldwache am nördlichen Ausgang des Dorfes aus. Sämtliche Divisionen des 7ten Korps hatten sich nunmehr bei Luckau vereinigt.

Das Bataillon Max /: Major von Könneritz :/ der Brigade Brause blieb als ein Teil der Besatzung von Luckau zurück.

Den 18ten August Das Sächs. Korps versammelt sich früh bei Chemnitz, die 1ste Division folgte der 2ten, welche die Spitze hatte, und bezog den Biwak bei Groß-Zischt, die 2te Division nebst Reiter-Brigade befand sich bei Merzdorf. Die Franz. Division bei Domsdorf zur Unterstützung. Die 1ste Kompanie des Garde-Bataillons wurde zur Bewachung des Hauptquartiers und der Equipage desselben kommandiert.

Den 19ten August Das 7te Korps setze sich mit dem 4ten /: Bertrand :/ und 12ten /: Oudinot :/ nebst dem 3ten Reiter-Korps /: Herzog von Padua :/ die sich in der Gegend von Baruth befanden, unter Oberbefehl des Marschall Oudinot, in Verbindung, und überschritten zum Teil die Sächsisch-Brandenburgische Grenze. Im Dorf Lino stieß die Division auf Bairische Truppen des 12ten Korps, welche von Baruth nach Luckenwalde marschierten. Die 1ste Division, welche der 2ten gefolgt war, an deren Tete die Reiter-Brigade marschierte, nahm Stellung bei Schönfeld. Die 2te Division nebst Reiterei bei Schöneweide und die Französische bei Gottow, wohin auch General Reynier sein Hauptquartier verlegte.

Den 20ten August Das 7te Armee-Korps blieb in seiner gestrigen Stellung. Die 1ste Division schickte Rekognoszierungen gegen Neuhof, welcher Ort von Franz. Truppen besetzt war, und gegen Sperenberg, woselbst sich jedoch feindliche Besatzung befand, aus. Gegen Mittag wurde der im Walde auf der Berliner

Straße aufgestellte Posten /: leichte Infanterie der 2ten Division :/ angegriffen, und in diesem kurzen Gefecht 1 Toter und 2 Blessierte verloren, die ersten Opfer des nun wieder begonnenen Krieges.

Das 12te Korps /: Oudinot :/ befand sich bei Luckenwalde, das 4te /: Bertrand :/ rückte bis jenseits Baruth vor, das 7te stand folglich in der Mitte.

Den 21ten August Die 2te Division und Reiter-Brigade brach um 8 Uhr auf und marschierte durch den Zossner Forst auf der Berliner Straße über Lüdersdorf gegen Nunsdorf. Die 1ste und Franz. Division folgten der 2ten eine Stunde später ebenfalls durch den Zossner Forst. Die 1ste Division machte bei Schöneweide einen mehrstündigen Halt, setze während der Zeit einige Feldwachen aus und marschierte sodann über Gatzdorf nach den Höhen von Christinendorf.

Während dieses Marsches hörte man eine Kanonade und kleines Gewehrfeuer bei der bereits vorgegangenen 2ten Division, der Feind war bis hinter Nunsdorf zurück gedrängt worden. Als die 1ste Division ankam, war das Gefecht, bis auf einige Kanonenschüsse bereits beendigt. Sie bezog Stellung bei Christinendorf. Die 2te Division lagerte auf den Höhen am Eingang des Engpasses von Nunsdorf, hatte dies Dorf besetzt, und bildete folglich den rechten Flügel des Korps. Die Franz. Division stand zur linken der 1sten Division, hinter welcher sich die Reiterei aufstellte.

Das 12te Korps hatte Trebbin nach einem bedeutenden Gefecht genommen und das 4te Korps war bis Dergischow gegen Zossen vorgerückt.

Der aus Trebbin vom 12ten Korps vertriebene sowie der bei Nunsdorf vorm 7ten Korps zurückweichende Feind zog sich nach Thyrow und Wilmersdorf zurück.

Den 22ten August Die 1ste Division folgte gegen 9 Uhr den übrigen Divisionen des Korps, bis auf die Höhen jenseits Nunsdorf, und setze sich in Kolonnen. Die Franz. und 2te Division sowie die Reiter-Brigade rückte indessen gegen Wittstock vor.

Die 4 franz. Korps-Kommandanten besprachen sich hier über das fernere Vordringen gegen Berlin. Das Garde-Bataillon gab 1 Offizier und 20 Mann als Ehrenwach dahin.

Die Brigade Brause der 1sten Sächs. Division erhielt kurz darauf den Befehl den verschanzten Berg bei Wilmersdorf, welcher von einigen Preuß. Bataillons besetzt war, anzugreifen. Sie passierte an einigen trocknen Stellen die sumpfige, von Gehölz bedeckte Niederung. Mit den vorausgesendeten Jägern und leichten Infanterie-Abteilungen entspann sich ein heftiges Plänkler-Gefecht, die Kolonnen marschierten in Linie auf und rückten in Echelons vom rechten Flügel gegen den östlichen Teil des Berges vor. Die Franz. Division Guilleminot des 12ten Korps griff stürmend den südlichen Teil des Berges an, der nur schwache mit wenig Geschütz versehene Feind wich zurück und zog sich in das hinter jenem Berge gelegene Gehölz. Dieser Angriff wurde von Sächs. und Franz. Artillerie unterstützt. Gleichzeitig hatte das 12te Korps ein Preuß. Lager bei Thyrow angegriffen. Die Verschanzung auf dem Wilmersdorfer Berg war noch unvollendet. Die

Brigade setzte sich auf dieser Höhe wieder in Kolonne und hatte einen Teil der Artillerie an sich gezogen, während dessen die Plänkler den Feind in jenes Gehölz verfolgten, bis auch diese sich wieder formierten und in die Kolonne einrückten.

Die 2te Brigade v.mellentin der 1sten Division verblieb als Unterstützung dieses Angriffs in ihrer früheren Aufstellung. Während dieses Gefechts griff die Franz. Division Wittstock an. Dieses Dorf war von der bei demselben aufgestellten Preuß. Brigade Thümen, welcher die Reserve-Reiterei als Unterstützung diente, besetzt worden. Die 1ste Sächs. Division unterhielt die Verbindung zwischen Wittstock und der Wilmersdorfer Höhe, sendete 1 Bataillon leichter Infanterie und 1 Bataillon Anton in die links von Wittstock vorliegenden Brüche um den Feind daraus zu vertreiben und den Angriff auf jenes Dorf zu unterstützen. Gegen 6 Uhr Abends gelangte endlich die Franz. Division in den Besitz von Wittstock, hatte aber noch jenseits dieses Dorfes mehrere Angriffe der feindlichen Reiterei abzuhalten, bis sich endlich der Feind zurückzog. Die Franz. Division sowie die Reiterbrigade folgten, passierten Wittstock, und stellten sich auf den Höhen von Kerzendorf, ohnfern Löwenbruch, Front nach Berlin, zwischen Waldungen auf. General Reynier nahm in Kerzendorf sein Hauptquartier. Die Wegnahme des Dorfe und Dammes von Wittstock war für die Franz. Division mit bedeutendem Verlust verbunden. Bei einbrechender Dunkelheit rückten die Kolonnen der 1sten Division nach der diesseits Wittstock befindlichen Windmühlehöhe, wo sie den Biwak bezogen. Sämtliches Fuhrwesen des

Korps traf von Schöneweide vor Wittstock ein, zugleich aber auch die unerfreuliche Nachricht, dass die Sächs. Kriegs-Kasse unter Bedeckung von 40 Mann der Garde, bei Münchhausen, ohnfern Sonnenwalde, am 20ten August von 1.000 Mann Kosaken gefangen genommen worden sei.

Premierleutnant von Schultz vom 2ten Bataillon des Garde-Regiments geriet bei dieser Gelegenheit nebst den übrigen Mannschaften in Gefangenschaft.

Das 12te Korps stand vorwärts Trebbin und hatte Thyrow besetzt. Das 4te Korps ging bis Jühnsdorf vor.

Der Feind blieb in seiner Stellung, die bei Wittstock zurückgedrängte Brigade Thümen und Reserve-Reiterei zog sich auf das 3te Korps Bülow bei Heinersdorf, und auch der General Borstell ging mit seiner Brigade aus der gefährdeten Stellung von Mittenwalde zurück und unterhielt die Verbindung zwischen dem 3ten und 4ten Korps.

Die ganze Nacht durch fiel ein dichter nebelartiger Regen, welcher auch mit einiger Unterbrechung den Tag und die folgende Nacht immer fortdauerte.

Den 23ten August Die in das Hauptquartier kommandierte 1ste Kompanie des Garde-Bataillons ward früh durch die 2te abgelöst und zugleich von dem Brigadier Obersten von Brause bestimmt, dass ähnliche Ablösungen aller 8 Tage stattfinden sollten, wenn es die Umstände erlaubten.

Die 1ste Division marschierte gegen 12 Uhr der bereits gegen 10 Uhr vorgegangenen 2ten und Franz. Division, der die Reiter-Brigade in gleicher Höhe zu Seite und sämtliches Fuhrwesen gefolgt war, auf der Berliner Straße, nach. Die Straße durchkreuzt einen bedeutenden Forst, an dessen Ausgang sich eine weite Ebene öffnet und von welchem das Dorf Großbeeren etwa eine halbe Stunde entfernt liegt. Während dieses Marsches hörte man eine Kanonade am Ausgang des Forstes. Die 2te Division war bei Großbeeren mit dem schwachen Feind im Gefecht, das Grenadier-Bataillon Sperl drang mit dem Bajonett in Großbeeren, welches von Preuß. Jägern besetzt war, ein, und zwang ihn, sich zurück zu ziehen. Die 1ste Division schlug sofort, als sie das Gefecht der 2te Division vernahm, den Weg nach Neu-Beeren ein, während dem das gesamte Fuhrwesen auf der Straße im Holze blieb, und setzte sich, aus dem Walde kommend, sogleich auf den äußersten linken Flügel in Kolonnen und machte Halt. Großbeeren lag rechts in einer ziemlichen Entfernung. Die Franz. Division stand zunächst rechts vorwärts, hinter ihr die Reiter-Brigade. Noch mehr rechts vorwärts befand sich die 2te Division auf der Wind-mühlenhöhe von Großbeeren, den rechten Flügel dicht an dieses Dorf gelehnt. Das Grenadier-Bataillon Sperl hatte die zwischen Groß- und Kleinbeeren befindliche Holzung besetzt.

Das Gefecht schien beendet, alles Schießen hatte aufgehört, als man plötzlich gegen 5 Uhr trotz des heftigen Regens, der keine weite Umsicht gestattete, feindliche bedeutende Infanterie- und Reiter-Linien erblickte, die sich, wie es schien, zum Angriff formierten. Dieser begann auch sehr bald und unerwartet mit gewaltigem Hurrageschrei gegen die 2te Division bei

Großbeeren und wurde durch eine der heftigsten konzentrischen Kanonaden /: es sollen 60 Stück Geschütz gewesen sein :/ unterstützt. Nur 40 Geschütze konnten hier dieser Kanonade entgegenwirken. General Reynier, weniger besorgt um seinen rechten, als um seinen linken Flügel, wo das versprochene 12te Korps nicht anlangen wollte, und sich beträchtliche feindliche Verstärkungen zeigten, ließ anfänglich die wiederholten Meldungen von dem Erscheinen feindlicher Massen in der rechten Flanke von Kleinbeeren her, unbeachtet. Auf dringende Vorstellungen und nachdem er sich von der Gefahr überzeugt hatte /: er glaubte wahrscheinlich das 4te Korps Bertrand in seiner rechten Flanke im Vorrücken :/ sendete er rechts von Großbeeren zwei Bataillons /: 2te Anton und König :/ nebst ½ Batterie zur Deckung des rechten Flügels. Indessen war das Grenadier-Bataillon Sperl nicht im Stande dem übergelegenen Feind von Kleinbeeren her großen Widerstand entgegen zu setzen, es zog sich daher hinter Großbeeren, in welches der Feind, unter dem Schutze seiner Kanonen, sowohl von Heinersdorf als von Kleinbeeren her, eindrang. Die 2te Division, welche durch die Kanonade bedeutend gelitten hatte, verließ erst dann, auf Befehl des General Reynier ihre Position auf der Windmühlenhöhe von Großbeeren, als der Feind durch den Besitz des Ortes, aus welchem er hervorbrach, ihr schon zum Teil im Rücken stand.

Jetzt erhielt die Franz. Division, welche bisher keinen bedeutenden Verlust erlitten, Befehl zur Unterstützung gegen dieses Dorf vorzueilen, allein vergeblich blieb das Machtgebot! Sie trat vielmehr in ziemlicher Unordnung den Rückzug an, und erreichte den Wald weit früher, als

Abb. 02   Großbeeren und Umgebung

Bajonett dem aus Großbeeren und dessen Umgegend in mehreren Kolonnen hervorbrechenden Feind, unter persönlicher Anführung des Generalleutnants von Sahr, entgegen, allein sie mussten der Übermacht weichen, ein Bataillon ward größtenteils gefangen und der General bedeutend verwundet /: er wurde über Torgau nach Dresden geschafft, und der Oberst v.Bose übernahm das Kommando der Division :/.

Das Garde-Bataillon erhielt während dieser Vorfälle bei Großbeeren den Befehl zu der bereits etwas entfernt aufmarschierten Brigade Mellentin zu stoßen, und rückte mit dem Grenadier-Bataillon in eine Linie, Front gegen Großbeeren, während die Regimenter Friedrich und Steindel mit selbigen rechtwinklig aufgestellt waren. Vor der Front der Grenadiere befanden sich 2 Kompanien leichte Infanterie verteilt. Das Garde- und Grenadier-Bataillon rückten nunmehr in Linie gegen die Windmühlenhöhe von Großbeeren vor. Der immer fortdauernde neblige Regen und niedergedrückte Pulverdampf der Kanonade hinderte alle Umsicht. Bei Großbeeren kündigte in einiger Entfernung nur ein tumultuarischer Alarm die daselbst statthabenden Angriffe an. Plötzlich erschien der General Reynier in Begleitung des Generalleutnant von Lecoq; letzterer erteilte dem Garde-Bataillon Befehl, so schleunig als möglich Kolonne zu formieren und rechts rückwärts bei einer Holzecke sich aufzustellen und ebenfalls den Rückzug zu decken, woraus hervorging, dass die feindlichen Angriffe auf Großbeeren gelungen waren. Diese Bewegung wurde schleunigst erfüllt und das Bataillon an jenem Holzrande in Kolonne aufgestellt. In dieser Stellung wurde es von Preuß. Husaren, welche einige Sächs. Geschütze verfolgten, angegriffen. Da wegen des Regenwetters kein Gewehr losging, so konnte nur durch das Fällen des Gewehrs Widerstand geleistet werden. In diesem Augenblick erschienen rechts aus dem Walde gegen 30 Sächs. Ulanen, welche mit heftigen Geschrei die Preuß. Husaren angriffen und zurück warfen, auch die von ihnen verfolgten Sächs. Geschütze wieder befreiten. So wie die feindliche Reiterei von den Ulanen zurückgeworfen wurde, trat das Bataillon, welches keine Sächs. Truppen mehr vorwärts erblickte, seinen Rückzug in den Wald an. Die Dunkelheit war bereits eingetreten. Nach einem beschwerlichen halbstündigen Marsch in selbigen, traf das Bataillon wieder glücklicherweise bei seiner auf der Straße marschierenden Division ein. Diese hatte durch das heftige Feuer ihrer Batterien und der 12pfd.gen Reserve-Batterie den Rückzug der Franz. und 2ten Division gesichert, besonders schützte die Brigade Brause, als die letzte auf dem Platz durch ihre zweckmäßige Aufstellung am Saum des Waldes, das fernere Vordringen des Feindes, welcher mit der Verfolgung ganz nachließ. Sie schlug den Weg von Neubeeren ein. Die Reiter-Brigade kam zu keinem besonderen Gefecht und behielt ihre Aufstellung hinter der Franz. Division bei. Die Ulanen deckten nachher in einzelnen Schwadronen den Rückzug, die Husaren marschierten nach dem Engpass von Wittstock zurück, um solchen zu sichern. Der Rückmarsch wurde bis Löwenbruch, ohnfern Wittstock, fortgesetzt, und zu beiden Seiten der Straße gelagert. Noch vor Anbruch des Tages passierte die 1ste Division, den übrigen Divisionen des 7ten Korps folgend , den Dammweg nach Wittstock, welches kurz vorher mit dem gedrängten Fuhrwesen und den Geschützen der Fall gewesen war, und nahm die früher inne gehabte Stellung auf der Windmühlenhöhe, jenseits des gedachten Ortes ein, wo auch der übrige Teil des 7ten Korps bereits Position genommen hatte. Die Brücke ward verbrannt und ein leichtes Infanterie-Bataillon der 1sten Division besetzte das Dorf, wo ebenfalls eine Kompanie des Garde-Bataillons als Vorposten aufgestellt wurde. Das Korps hatte 2.300 Mann Tote, Verwundete und Gefangene eingebüßt und bei der 2ten Division war der größte Verlust über 1.900 Mann. Der Sousleutnant von Döring des 1sten Bataillons Garde geriet mit dem Bataillon Low in Gefangenschaft. Der Kommandant dieses letztgedachten Regiments, Major Anger, erhielt, da es nur noch 1 Bataillon formieren konnte, das Kommando des Grenadier-Bataillons Sperl. Major Sperl war verwundet.

Das 12te Korps Oudinot nebst Reiterei des Herzogs von Padua begnügte sich, bis Arensdorf untätig vorzugehen; das 4te Korps Bertrand war bei Blankenfelde und Diedersdorf zurückgedrängt worden.

Den 24ten August Früh 8 Uhr brach das Korps wieder auf, um seinen Rückzug fortzusetzen. Die 1ste Sächs. Division hatte die Nachhut. Hinter dem Engpass von Nunsdorf stellte sich das Korps abermals auf und setzte nach Verlauf einiger Stunden, ohne verfolgt zu werden, seinen Marsch über Kunersdorf fort. Die 1ste Division nahm ihre alte Stellung bei Schönfeld wieder ein; die 2te Division und Reiter-Brigade ging bis Lino, wo sich noch der Hauptpark befand; die Franz. Division lagerte bei Dümde.

Das 12te Korps Oudinot stand bei Jänickendorf und das 4te Korps Bertrand bei Baruth.

Den 25ten August Das 7te Korps setzte seinen Rückmarsch fort. Die 1ste Sächs. Division marschierte um 9 Uhr links bei Jänickendorf vorbei über Hohenschlenzer nach Werben.

Zur Deckung des Rückzugs ward von der 2ten Division 1 Bataillon leichter Infanterie nach Neuendorf und 2 Kompanien nach Gottow, sowie 1 Bataillon Friedrich bis an den zwischen Gottow und Schöneweide hinlaufenden Graben entsendet. Letzteres Bataillon stieß bei Gottow auf feindliche Reiterei, die sich nach kurzem Gefecht über Schöneweide, welches Dorf besetzt wurde, zurückzog. Das Grenadier-Bataillon Spiegel erhielt zur Aufnahme für jene Abteilungen, nebst 1 Kanone, seine Aufstellung an dem Punkte, wo sich die von Schönfeld und Gottow kommenden Wege vereinigen. Hier stießen jene 2 Kompanien leichter Infanterie und das Bataillon Friedrich zum Grenadier-Bataillon und bildeten die Nachhut des Korps, einige Kanonenschüsse hielten den schwach nachrückenden Feind in gehöriger Entfernung. Das Bataillon leichter Infanterie nahm seinen Rückmarsch über Lino zum Korps und deckte zugleich das Fuhrwesen, welches durch den Engpass von Lino gegangen und zum Teil wegen des schlechten Weges daselbst stecken geblieben war. Vor Hohenschlenzer ward das Garde-Bataillon in Verteidigungs-Kolonne aufgestellt, während leichte Infanterie den Saum des eben verlassenen Waldes en bouquet besetzte, um der oben bemerkten Nachhut als Rückhalt zu dienen. Die aufgestellten Truppen kehrten nach einiger Zeit zur Division zurück. Bei und um Werben nahm das 7te Korps Position, und zwar die Franz. Division nördlich von Werben, die 1ste Division dieser zur linken, das Dorf in der Mitte nehmend, die 2te Division links nach Gräfendorf zu und die Reiter-Brigade ganz auf dem linken Flügel.

Das 12te Korps Oudinot rückte von Jänickendorf bis Markendorf, das 4te Korps Bertrand marschierte nach Stülpe und seine Nachhut hatte von Baruth aus Gefecht mit dem Feind. Der Feind setzte sich endlich in Bewegung um den Franz. Korps zu folgen.

Den 26ten August Das 7te und 12te Korps blieben in ihren inne gehabten Stellungen.

Eine Abteilung des Polnischen Dombrowski'schen Korps vom 4ten Korps Valmy wurde aus Jüterbog geworfen und vereinigte sich mit dem 7ten Korps. Die 1ste Division besetzte mit 1 Kompanie leichter Infanterie und einem Reiter-Trupp die nach jener Stadt führende Straße.

Das 4te Korps Bertrand vereinigte sich von Stülpe aus mit den 7ten und 12ten und nahm Stellung bei Hohenschlenzer, die Nachhut hatte noch um Mittag Gefecht bei Stülpe.

Der Feind ging wieder vorwärts.

Den 27ten August Alle 3 Armeekorps sollten früh aufbrechen und gegen Jüterbog vorrücken, allein ein Gefecht der Nachhut des 4ten Korps Bertrand mit einem

Teil der Brigade Borstell verzögerte den Abmarsch bis nach 7 Uhr.

Das 7te Korps marschierte in 2 Kolonnen. Die eine aus der 1sten und der Franz. Division bestehend, über Hohen-Gersdorf nach Rohrbeck zu. Die andere aus der 2ten Division und der Reiter-Brigade zusammen gesetzt, in gleicher Höhe mit ersterer, ihr zur linken, über Hohen-Ahlsdors, ebenfalls die Richtung nach Rohrbeck. Beide Kolonnen gingen an diesem Dorf vorüber und zogen sich links von Jüterbog auf die Torgauer und Wittenberger Straße. Bei der Stadt entspann sich ein Gefecht mit einem Teil des 12ten Korps Oudinot und mit 3 - 4.000 Mann des Russischen Woronzowschen Korps. Der Feind wurde bis Zinna zurückgedrängt. Die 1ste Division bezog nach diesem Gefecht zwischen Jüterbog und Rohrbeck Stellung mit der Front gegen die Wittenberger Straße. Rohrbeck wurde zur Deckung des linken Flügels mit dem Grenadier-Bataillon und den Jägern besetzt und in dem vorliegenden Hölzchen eine leichte Infanterie-Kompanie aufgestellt. Der Hauptpark erhielt das, vor der Front!! liegende Dennewitz angewiesen, daher Abends noch 1 Bataillon Steindel zur Bedeckung dahin abging.

Die 2te Division war westlich von Jüterbog auf den daselbst befindlichen Weinbergen aufgestellt. Am Fuß der Weinberge, links der besetzten Treuenbrietzner Straße, lagerte die Reiter-Brigade. Die Franz. Division hatte ihre Aufstellung noch näher an Jüterbog.

Das 12te Korps Oudinot und das 4te Korps Bertrand stellen sich vor und hinter Jüterbog auf, die Hauptquartiere aller 3 Korps waren in dieser Stadt.

Die feindliche Nordarmee verblieb größtenteils in ihren Positionen.

Den 28ten August Nachmittags gegen 3 Uhr brach das 7te Korps auf. Die 1ste Division marschierte in Kolonnen mit dem Hauptpark zwischen Nieder-Gersdorf und Dennewitz nach Mellnsdorf, wohin das Hauptquartier verlegt wurde.

Zwei Kompanien der leichten Infanterie besetzten Blönsdorf. Die Brigade Mellentin nahm Stellung nach Mellnsdorf, die Brigade Brause an dem östlich desselben gelegenen Gehölz. Die 3te Kompanie des Garde-Bataillons wurde etwas links vorwärts zur Deckung der Batterie entsendet und vor der Front des Bataillons befand sich eine Feldwacht unter Befehl eines Unteroffiziers. Die 2te Division mit der Reiter-Brigade folgte gleichzeitig der 1sten Division, sie ließ Kaltenborn und Tallichau zur Linken und stellte sich bei Kurz-Lipsdorf in einem Holze auf. Die Reiter-Brigade befand sich in Mitten der beiden Sächs. Divisionen. Die Franz. Division marschierte mit den Sächs. ab, doch bleibt ihre Aufstellung ungewiss, wahrscheinlich hinter Kurz-Lipsdorf. Starke feindliche Reiter-Abteilungen begleiteten das Korps auf diesem Marsch, zur Seite und im Rücken, mit welchen fortwährend geplänkelt wurde, und umschwärmten auch in den genommenen Stellungen, unaufhörlich Front und Flügel, daher die möglichste Stille während der Nacht angeordnet ward.

Das 12te Korps Oudinot und 4te Korps Bertrand blieben bei Jüterbog. Ein Teil des 12ten ging nach einem russischen Angriff bis gegen Treuenbrietzen vor.

Der Feind blieb bis auf wenige Veränderungen in seiner Aufstellung. So rückte die Wobesersche Abteilung bis Luckau vor, erstürmte diese Stadt und nahm mit der Besatzung das Sächs. Bataillon Prinz Max gefangen.

Den 29ten August Gegen 5 Uhr brach das 7te Korps auf. Die 1ste Division nahm mit dem Hauptpark die Richtung zwischen Schönfeld und Marzahne nach Kropstädt, wo sie sich aufstellte und zwar das Dorf im Rücken, Front gegen Treuenbrietzen zu, die dahin führende Straße trennte beide Brigaden. Die 2te Division der Reiter-Brigade folgend, marschierte um dieselbe Zeit nach dem vorliegenden Marzahne, wo sie, ebenfalls Front nach Treuenbrietzen, Stellung nahm. Auf diesem Marsch stieß die Kolonne auf einen Kosakenpulk von etwa 800 Pferden. Dieser begleitete selbige unausgesetzt und plänkelte, auch näherten sich immer mehrende Reiter-Abteilungen, bis bei Schmögelsdorf ein stündigen Reitergefecht daraus entstand. Ein leichtes Infanterie-Bataillon rückte nach Schmögelsdorf zur Unterstützung vor, worauf sich die feindliche Reiterei zurückzog. Dieses Dorf wurde mit 2 Schwadronen und 3 Kompanien leichter Infanterie besetzt. Die Reiter-Brigade stellte sich vor Marzahne, Front gegen Lobesen, auf. Die Franz. Division marschierte über Zahne bis hinter Kropstädt, wo sie Stellung nahm.

Gegen 2 Uhr, als eben die Mannschaft zum Teil mit Kochen beschäftigt war, wurde der Posten von Schmögelsdorf und die vor der 1sten Division bei Marzahne aufgestellte 2te Division von zahlreicher feindlicher Reiterei und reitender Artillerie heftig angegriffen, während dem sich gegen Lobesen hin die

Staubwolken häuften. Die 1ste Division erhielt sofort Befehl zum Vorrücken, welches beide Brigaden bis auf die Windmühlenhöhe vor Kropstädt bewerkstelligten. Von 2 Bataillons /: Friedrich und Steindel :/ der Brigade Mellentin wurden in dem, den linken Flügel, gegen Jahmo hin, umkreisenden Walde, starke Plänklerlinien zur Deckung dieses Flügels aufgestellt. Der General Reynier gab endlich, da der linke Flügel immer mehr durch feindliche Kolonnen bedroht wurde, der 2ten Division Befehl zum Rückzug nach Kropstädt, die Brigade Brause erhielt die Weisung, sobald sich die Bataillone der 2ten Division näherten, in Front langsam rückwärts zu marschieren, bis sie durch die Höhe gedeckt würde. Dieses erfolgte, worauf die Brigade links abmarschierte und sich hinter der Brigade Mellentin aufstellte. Die Brigade Bose der 2ten Division besetzte den, zwischen Marzahne und der 1sten Division befindlichen Wald, und die Brigade Ryssel rückte an die Stelle der Brigade Brause. Das Ulanen-Regiment stellte sich, nebst einer Batterie, vor der Brigade Ryssel, zur Sicherung des rechten Flügels am Fuß der Höhe, und das Husaren-Regiment, zur Verstärkung des linken Flügels, links der 1sten Division auf. Das Gefecht erreichte sein Ende, als die von Wergzahne kommenden Kolonnen des 12ten Korps Oudinot sich dem feindlichen linken Flügel näherten. Der Feind zog sich zurück.

Ds 12te Korps Oudinot rückte wie oben erwähnt worden, gegen Wergzahne, das 4te Bertrand nach der Gegend von Zahne.

Die 3te Kompanie des Garde-Bataillons löste die ins Hauptquartier Kropstädt kommandierte 2te Kompanie Abends ab.

Den 30ten August Die Stellung des 7ten Korps bleib fast dieselbe. Die Brigade Mellentin der 1sten Division mit einer halben 6pfd.gen Batterie wurde um Mittag mehr links in das Holz gegen Wettin und Jahmo gesendet, die Brigade Bose der 2ten Division rückte aus dem vorliegenden Wald in ihre Stellung. Der Oberst von Brause machte seiner Brigade die gewonnene Schlacht von Dresden bekannt, und endigte seinen Vortrag mit einem: „ Es lebe der Kaiser!", in welchen Ausruf die Mannschaft, der bisherigen unangenehmen Ereignisse eingedenk, nicht recht einstimmen wollte. Durch die Bekanntmachung erfuhr endlich das Korps, dass Österreich sich auch gegen die Französische Macht erklärt hatte, durch die alliierten Heere einen bedeutenden Zuwachs erhalten mussten.

Das 12te Korps Oudinot rückte nach Marzahne vor dem 7ten Korps und das 4te Korps Bertrand näher an Kropstädt.

Den 31ten August Alles blieb in den innegehalten Stellungen. Der Feind rekognoszierte wie gestern, ohne ein bedeutendes Gefecht anzuknüpfen. Kosaken-Abteilungen streiften im Rücken des Korps bis Zahne, Waltersdorf, selbst bis Wüstemark, in dessen Nähe der Sächs. Hauptpark sich befand. 50 Husaren und 100 Mann Linien-Infanterie /: Rgt. Anton :/ wurden nach jenen Gegenden gesendet, welche bei Wüstemark ein hartnäckiges Gefecht mit den Kosaken bestanden, selbige zurück trieben und die dortige Brücke besetzten. Die Brigade Ryssel nebst 2 Geschützen wurde als Unterstützung nachgesandt, und blieb die Nacht über, bei oben bemerkter Brücke.

Die Nordarmee zog sich mehr zusammen.

Den 1sten September Das 7te Korps verließ mit Tagesanbruch seine Stellung bei Kropstädt. Die Brigade Brause mit einer 6pfd.gen und der 12pfd.gen Batterie, stellte sich, zum Teil in ein Gehölz, bei dem Dorfe Jahmo auf. Die Brigade Mellentin behielt noch ihre Stellung bei Wettin. Das Grenadier-Bataillon besetzte die von Lobesen nach Jahmo führenden Verbindungswege. Vor der Front des Grenadier-Bataillons war am Ausgang des Holzes eine Feldwacht aufgestellt. Kosakentrupps näherten sich mehrmals diesem Posten. Die 2te Division und Reiter-Brigade nahmen Stellung bei Grabo, wo sich auch Nachmittags 2 Uhr die entsendete Brigade Ryssel mit ihr vereinigte. Die Franz. Division war dem Hauptpark gegen Mochau gefolgt und hatte sich als Reserve zwischen diesem Ort und Jahmo aufgestellt.

Das 12te Korps Oudinot und 4te Kopf Bertrand hatten die Stellung des 7ten Korps bei Kropstädt eingenommen, Marschall Oudinot und General Reynier nahmen ihr Hauptquartier in genanntem Ort.

Die Neckereien der Vorposten dauerten den Tag über fort, ohne dass etwas ernsthaftes vorfiel, ohngeachtet der Nähe des Feindes.

Den 2ten September Die 1ste Division vereinigte sich früh 4 Uhr bei Jahmo, wo auch der General Reynier sein

Hauptquartier nahm und verblieb in ihrer Aufstellung. Hier machte der Generalleutnant von Lecoq, welcher ohnfern des Garde-Bataillons seine Hütten hatte aufschlagen lassen, dem Kapitän von Dreßler bekannt, dass er ihn als Major in Vortrag bringen würde, welches aber die folgenden Vorfälle bei Dennewitz störten.

Die Franz. Division rückte früh 3 Uhr auch nach Grabo, und stellte sich abermals als Reserve rechts rückwärts des Dorfes, hinter der Reiterei, auf.

Die Truppen aller 3 Armee-Korps /: das 7te Korps hatte den äußersten linken Flügel :/ standen von Tagesanbruch bis zum Nahmittag in ihren Stellungen schlagfertig, indem man Seiten des Feindes einen Angriff vermutete, allein es erfolgte nichts bis auf eine unbedeutende Kanonade bei Marzahne mit dem 12ten Korps.

Der Kronprinz von Schweden besichtigte auf den Vorposten die Stellung der diesseitigen Korps.

Den 3ten September Vor Tagesanbruch setzten sich die 3 Armee-Korps gegen Wittenberg in Marsch.

Die 1ste Division des 7ten Korps marschierte über Mochau, und nahm beim Dorf Teuchel, wohin der General Reynier sein Hauptquartier verlegte, Stellung. Die Franz. Division, die Reiter-Brigade und 2te Division richteten ihren Marsch über Schmelkendorf nach Dobien, wo sie auf den Höhen zwischen diesem Dorf und der Festung Wittenberg Stellung nahmen. Eine Stunde nach dem Abmarsch brachen die Feldwachen auf und machten den Nachtrupp. Die Nachhut der 1sten Division, bestehend aus dem Grenadier-Bataillon, 1 Bataillon leichter Infanterie und 2 Schwadronen, wurde ohne bedeutenden Erfolg vom Feinde angegriffen.

Alle Franz. Korps hatten sich bei Wittenberg vereinigt und eine kreisförmige Stellung um die Festung gebildet. Das 7te Korps hatte den linken Flügel, hierauf folgte das 12te und sodann dann 4te Korps.

Den äußerten linken Flügel bildete das, seit einigen Tagen ebenfalls hier eingetroffene Polnische Reiter-Korps des Generals Dombrowski, welches aber größtenteils hier verblieb, als die übrigen Korps wieder aufbrachen. Das 4te Korps Bertrand wurde gegen Mittag angegriffen, warf aber den Feind mit Verlust zurück. Bald nachher hatte die Brigade Ryssel ein ähnliches Schicksal. Es entspann sich ein heftiges Plänklergefecht. Zwei Bataillons der Brigade Mellentin und ein Würzburgisches Bataillon der Franz. Division nebst einer Sächs. reitenden Batterie rückten zur Unterstützung vor und warfen den Feind bis Schmelkendorf zurück.

Den 4ten September Die diesseitigen Korps behielten ihre Aufstellung. Das Garde-Bataillon rückte früh zur Unterstützung der Vorposten in ein Gehölz, ¼ Stunde von seiner innegehabten Stellung. Ein Bataillon Friedrich hielt diese Vorposten, längs der durch ein Wässerchen durchschnittenen Niederung, besetzt. Der Marschall Ney, von Dresden kommend, welcher auf kaiserliche Anordnung den Oberbefehl aller drei Korps, an die Stelle des Marschall Oudinot übernahm, hielt nachmittags Heerschau über das Korps. Das Garde-Bataillon musste daher zur Brigade stoßen und nahm darauf seinen Posten wieder ein.

Das 4te Korps Bertrand schlug sich, von Morgens bis zum Nachmittag, mit abwechselnden Glück um den Besitz eines vorliegenden Holzes, bis es endlich gelang, den Feind daraus zu vertreiben.

Den 5ten September Das Garde-Bataillon ging früh wieder in seine alte Stellung zurück. Sämtliche Korps brachen gegen 10 Uhr vormittags auf und marschierten in Echelons aus der Mitte gegen Zahna rechts ab. Es ward ihnen zur Verbeugung der vorseienden Bewegungen, die möglichste Vorsicht empfohlen.

Das 12te Korps Oudinot als das mittelste und stärkste Echelon, stieß bei Bülzig auf die feindlichen Vorposten des Preuß. Generals Domschatz /: 4tes Korps Tauenzien :/ welche sich auf ihre Haupttruppe, die hinter Zahna auf flachen Erhöhungen stand, zurückzogen. Letzterer wurde, als auch die übrigen Korps /: 4tes und 7tes :/ nach und nach in Kolonnen aufmarschiert waren, mit Nachdruck vom 12ten Korps Oudinot angegriffen, und hauptsächlich durch die Wirkung des viel zahlreicheren Geschützes, aus dieser Stellung, mit bedeutendem Verlust getrieben, und zog sich auf ihr Korps /: Tauenzien :/ zurück.

Das 12te Korps Oudinot drang bis nach dem Städtchen Saida vor und nahm daselbst Stellung, das 4te Korps Bertrand bei Zalmsdorf und das 7te Korps zwischen Zalmsdorf und Leetza.

Ein berittener Offizier des Garde-Bataillons wurde verlangt, um sich ins Hauptquartier des Marschall Ney nach Zalmsdorf zu verfügen. Der Sousleutnant v.d. Planitz erhielt hierzu Befehl und traf erst den 7ten bei Torgau beim Bataillon wieder ein.

Den 6ten September Gegen 8 Uhr marschierten die Franz. Korps in Echelons vom linken Flügel ab und zwar: das 4te Korps Bertrand, bei welchem sich der Marschall Ney befand, zur Linken und hatte einen ½ stündigen Vorsprung; das 7te Korps folgte und das 12te Korps Oudinot in einer stündigen Entfernung, machte nebst dem 3ten Reiter-Korps Padua den Beschluss.

Das 7te Korps bewegte sich in folgender Ordnung: die 1ste Division mit einer Reiter-Schwadron an der Spitze, zu ihrer Rechten die 2te Division; der Hauptpark und das Fuhrwerken rechts der 2ten Division. Die Reiter-Brigade /: an Stelle des krank gewordenen Generalmajor von Gablenz übernahm der Oberst von Lindenau das Kommando dieser Brigade :/ zur Rechten des Parks. Die Franz. Division folgte der 1sten, und eine Schwadron Husaren bildete die Nachhut hinter dieser Division. Das 4te Korps Bertrand traf gegen 11 Uhr, in der Gegend von Nieder-Gersdorf, zuerst auf den Feind und drängte ihn, während eines zweistündigen Gefechts bis auf die Höhen zwischen diesem Dorf und Jüterbog. Das 7te Korps marschierte in der Richtung von Rohrbeck und war ohngefähr noch eine ¼ Stunde von diesem Dorf entfernt, als das Gefecht des 4ten Korps Bertrand bedenklicher wurde, indem es von neu angekommenen feindlichen Kolonnen in seiner linken Flanke bedroht und plötzlich zurück gedrängt wurde, welcher Vorgang

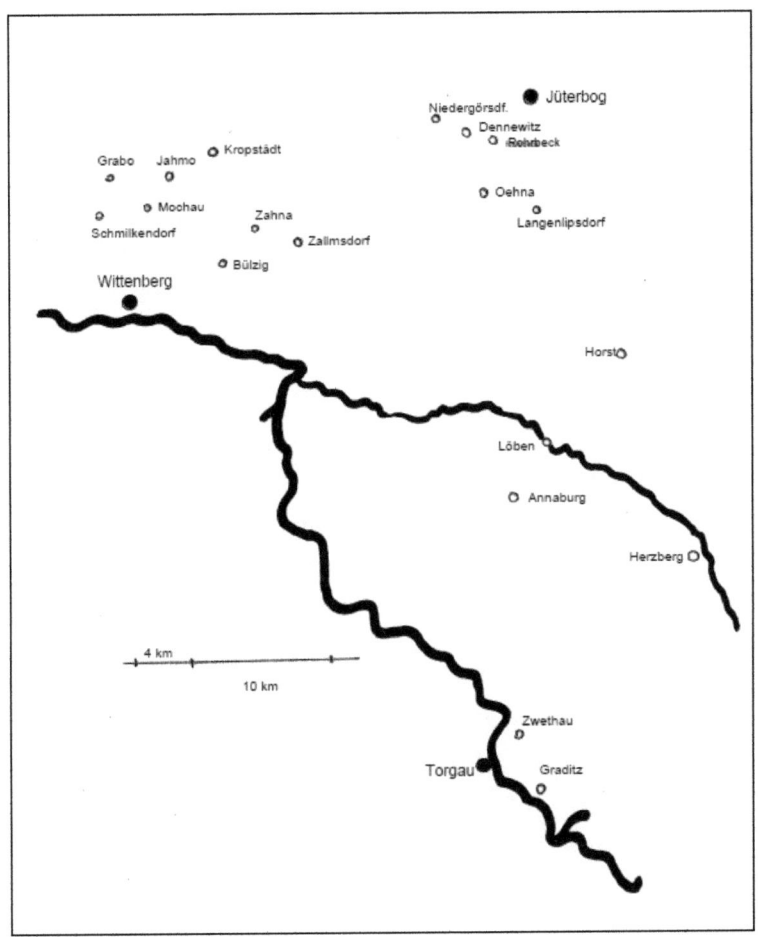

Abb. 03   Gegend zwischen Jüterbog und Torgau

den General Reynier veranlasste, den Marsch seines Korps aufzuhalten.

Die Franz. Division des 7ten Korps ward hierauf dem linken Flügel des 4ten Korps, welches sich jenseits des Engpasses von Dennewitz befand, als Unterstützung zugesendet. Zu schwach für diesen Zweck, und weil sich auch von Göhlsdorf her feindliche Massen zeigten, mussten sofort die Kolonnen der 1sten Sächs. Division, welche nunmehr ihre Direktion links veränderten, und bald darauf auch die 2te Division vorgehen. Erstere eilten eben ihrer Bestimmung zu, als die zur Rechten zurückweichende Reiterei des 4ten Korps Bertrand und das flüchtig werdende Fuhrwerken desselben, den schlimmen Stand des Treffens bezeigten. Während dieses Vorgehens der 1sten Division erschien plötzlich, links derselben, feindliche Reiterei nebst Artillerie, welche vor Staub, Folge der seit mehreren Tagen eingetretenen Trockenheit, die diesseitigen Kolonnen wahrscheinlich verkannt hatte. Sie ward schleunigst durch mehrere Kartätschenschüsse der Brigade Brause zurecht gewiesen. Diese Brigade marschierte nunmehr gegen den linken Flügel der Franz. Division, in einiger Entfernung von selbiger angekommen, in Linie auf, und es begann die Kanonade. Die Linie rückte nach den vorliegenden Höhen und erwiderte heftig das feindliche Feuer. Unterdessen hatte die Brigade Mellentin den Befehl erhalten, das links vorwärts liegende Göhlsdorf, welches der Feind bereits besetzt hatte, anzugreifen. Das Grenadier-Bataillon und zwei Bataillons Steindel erfüllten diesen Auftrag, während die zwei Bataillons Friedrich, in Karrees formiert, folgten, und nahmen, unter Mitwirkung des Sächsischen Geschützes, das Dorf. Die 2te Division war zur Unterstützung auf den Höhen von Göhlsdorf, rückwärts des Dorfes, aufgestellt. Die Reiter-Brigade, welche keinen tätigen Anteil an der Schlacht nahm, blieb zur Seite des hinter dem Korps aufgefahrenen Hauptparks, zu dessen Deckung in Reserve, und hatte vorzüglich die Gegend nach Rohrbeck zu beobachten, wo sich schon die oben erwähnte feindliche Reiterei zeigte. Die Wegnahme von Göhlsdorf und das Vordringen der Brigade Brause bewirkten ein allgemeines Zurückweichen des Feindes auf dieser Seite. Die beiden Brigaden der 1sten Division hatten schon jenseits des Dorfes Feld gewonnen und feuerten auf die, aus Nieder-Gersdorf und Wilmersdorf vorrückenden feindlichen Massen.

Das 4te Korps Bertrand hielt sich noch auf der Windmühlenhöhe rechts von Dennewitz.

Indessen breitete sich der feindliche rechte Flügel immer mehr vor Göhlsdorf aus, während sich, ohngeachtet des heftigsten Geschützfeuers, neue Angriffskolonnen vor Nieder-Gersdorf bildeten und das feindliche, ebenfalls zahlreiche Geschütz, gedeckt durch Reiterei, sich links von Göhlsdorf der Wittenberger Straße näherte. Jetzt ging die Division des 4ten Korps Bertrand, welche jene Windmühlenhöhe bei Dennewitz besetzt hatte, zurück und eine Brigade der Franz. Division des 7ten Korps bemächtigte sich zwar dieser verlassenen Höhe wieder, allein durch die rückgängige Bewegung des 4ten Korps Bertrand von aller Unterstützung entblößt, musste auch sie der Übermacht des Feindes weichen und sich über den Engpass von Dennewitz zurückziehen.

Das neben der Garde zur Linken stehende Bataillon Rechten marschierte bald nach dem Vorrücken der Linie links ab nach Göhlsdorf zu, um der Brigade Mellentin als Unterstützung zu dienen. Nach einer kurzen Pause erhielt ebenfalls das Garde-Bataillon die Weisung, mit Zügen links abzumarschieren und auch die Richtung nach Göhlsdorf zu nehmen. Der Generalleutnant von Lecoq, welcher hier zugegen war, ließ das Bataillon einschwenken, kurz darauf aber wieder links abmarschieren um in dies Dorf, um dessen Besitz Sachsen und Preußen eben mit größter Heftigkeit kämpften, einzudringen. Es rückten aber eben mehrere Kolonnen Preußen von der Brigade Borstell, Plänklerlinien vor sich habend und von Kavallerie-Trupps gefolgt, in der Niederung Göhlsdorf rechts lassend, vor und das Garde-Bataillon sah sich daher genötigt, die Front wieder herzustellen und dem Feind Plänkler entgegen zu senden. Der Sousleutnant von Kiesewetter erfüllte mit dem 8ten Ploton diese Vorschrift. Das Bataillon blieb einige Zeit in dieser Stellung, während eine Sächs., links rückwärts des Bataillons auf einer Höhe aufmarschierte Batterie, die sich nahenden Preuß. Kolonnen mit Kartätschen aufs heftigste beschoss, welche dessen ungeachtet immer langsam vorrückten.

Nunmehr war endlich auch das 12te Korps Oudinot hinter dem linken Flügel des 7ten eingetroffen, anstatt aber nach Wunsch des Generals Reynier, den Angriff auf Göhlsdorf zu unterstützen, der bei Annäherung des 12ten Korps wieder erneuert worden war, und auf dem linken Flügel der Sachsen vorzugehen, marschierte es rechts ab, nach Dennewitz zu, wohin es der Marschall Ney, zur

Unterstützung des zurückweichenden rechten Flügels, abrufen ließ.

Die hinter dem Garde-Bataillon auf der Höhe aufgestellte und bereits erwähnte Batterie, hörte wegen Mangel an Munition mit Feuern auf und zog sich zurück. Das von aller Unterstützung entblößte Bataillon unternahm nun, auf eingeholten Befehl, in der Front von den Plänklern gedeckt, den Rückmarsch, traf neben Baierischen Karrees ein, machte Halt und Front. Der General Reynier wollte anfänglich die zweckwidrige Bewegung des 12ten Korps Oudinot, welche den Verlust der Schlacht herbeiführen musste, hintertreiben, allein vergeblich. Die Brigade Mellentin, fast ohne Patronen, hatte Göhlsdorf ohngeachtet der tätigsten Unterstützung der 2ten Division und der sämtlichen Artillerie, gegen die Übermacht des Feindes nicht länger halten können, und zog sich zurück. Letzterer, durch die errungenen Vorteile aufgemuntert, erneuerte den Angriff an allen Punkten. Die Franz. Division des 7ten Korps, wurde durch die rückgängige Bewegung des 4ten Korps Bertrand, welches schon, während die Sachsen noch bei Göhlsdorf fochten, bis Rohrbeck zurück geworfen worden war, mit fortgerissen. Die Französische zahlreiche Reiterei unternahm nunmehr einige Angriffe, jedoch ohne Erfolg, die feindliche Artillerie nötigte sie zum schleunigen Rückzug, der bald in Flucht ausartete. Sie unterbrach durch letztere die Ordnung des Fußvolks, dass nun in der Ebene von ihr verlassen, zum Teil Karrees, zum Teil Kolonnen bildete, und den Rückzug begann.

Dieser war schon angetreten, als das Garde-Bataillon bei jenen Baierischen Karrees ankam und Befehl erhielt, zurück zu gehen, um sich an die Brigade Brause wieder anzuschließen. Der Marschall Oudinot, welcher eben zugegen war und an das Bataillon eine kurze Rede hielt, verhinderte es daran. Ein abgesendeter Adjutant des Generalleutnants von Lecoq brachte den nochmaligen bestimmten Befehl zu dieser Bewegung. Das Bataillon marschierte rechts rückwärts ab und bildete mit seinen fünf Plotons eine Art Karree; als Westfälische Reiterei rechts derselben zurück floh und von feindlicher verfolgt wurde, auf welche dieses und mehrere Baierische Karrees Feuer gaben und sie zur Rückkehr nötigte. Hinter der Infanterie entspann sich ein kurzes Reitergefecht, zwischen denen Westfalen und einem Pulk Kosaken, welcher nach dem Walde zurück wich. Das Garde-Bataillon formierte nach diesem Zwischenakt eine Kolonne und stieß hierauf wieder zum Bataillon Rechten, und zur leichten Infanterie /: welche eben einen heftigen Reiterangriff abgeschlagen hatte :/ der Brigade Brause, wo sich auch der Generalleutnant von Lecoq befand.

Eine nochmalige Aufstellung der Sächs. und Baier. Kolonne vor Oehne, diente hauptsächlich dazu, um den nachrückenden feindlichen rechten Flügel aufzuhalten und den bei Oehne aufgefahrenen Sächs. Hauptpark und die gesamten in der größten Unordnung sich befindenden Fuhrwerke sämtlicher Korps, wobei sich Franz. flüchtige Reiterei versammelt hatte, Luft zu verschaffen.

Die Infanterie, welche sich unter Befehl des Generalleutnants von Lecoq vereinigt hatte, bestand aus dem 1sten leichten Infanterie-Regiment, dem Garde-Bataillon, dem Bataillon Rechten, einem Bataillon Friedrich der 1sten Division und dem Bataillon König und Niesemeuschel der 2ten Division. Das Ulanen-Regiment, eine Schwadron Husaren und der Hauptpark hatten sich dieser Kolonne angeschlossen. Sie zog sich unter abwechselnden gegenseitigen Kanonenfeuer durch die weite Ebene in der Richtung nach Dahme, bis zu dem Wege, welcher von Jüterbog nach Schönewalde führt, zurück. Bei Erreichung des Waldes, als bereits die Dunkelheit eingebrochen war und die Verfolgung des Feindes nachließ, hielt die Kolonne eine kurze Zeit, um einen Entschluss in Betreff des ferneren Rückzugs zu fassen. Hier traf auch der zum Plänkeln entsendete Sousleutnant von Kiesewetter, jedoch mit wenig Mannschaft, wieder beim Bataillon ein; er hatte auf seinem Rückzug ein umgeworfenes Sächs. Geschütz so lange durch das zweckmäßige Feuer seiner Plänkler gedeckt, bis es gerettet werden konnte.

Mehrere Franz. Infanterie, eine Brigade der Division Durutte vom 7ten Korps, noch etwa 300 Mann stark, welche Division überhaupt in ziemlicher Zerstreuung den Rückzug vollführte, schloss sich an die Sächs. Kolonne an, welche nach Ohlsdorf marschierte und daselbst um 11 Uhr des Nachts eintraf. Nach einer stündigen Rast setzte sie, auf wenig betretenen Wegen ihren Rückzug über Brandis und Arensnest, wo die Elster passiert wurde, bis Zilsdorf fort. Nur Kosakentrupps störten einigemal die Bewegung aber ohne Erfolg.

Die 3te Kompanie des Garde-Bataillons, welche nebst einer Französischen, einer Würzburgischen und einer Abteilung Husaren die Equipage des Hauptparks deckten, war glücklich durch Schweinitz gekommen und hatte daselbst die Elster passiert, ohngeachtet der Ort und die Brücke mit Kosaken besetzt waren.

Der größte Teil der 2ten Division, die Brigade Mellentin der 1sten und das Husaren-Regiment, wobei sich der General Reynier befand, marschierten auf dem nächsten Wege, von Oehna über Löwen, wo die Elster passiert wurde, durch Annaburg nach Werde bis Torgau. Diese Sächs. Truppen waren bis Körbitz von feindlicher Reiterei und Artillerie unaufhörlich verfolgt, auch auf ihrem weiteren Marsch durch feindliche Reitertrupps, doch ohne wesentlichen Erfolg beunruhigt.

Vor und neben dieser Kolonne marschierte das 12te Korps Oudinot, welches die oben erwähnte Bewegung gegen den rechten Flügel nicht mehr ausführbar gefunden hatte, und folglich für den Erfolg der Schlacht ohne Nutzen geblieben war, in weit weniger Ordnung, mit Ausschluss der Bayern, welche nebst den Sachsen die letzten auf dem Schlachtfeld gewesen waren.

Das 4te Korps und der Marschall Ney nahm seinen Rückzug auf dem weitesten Bogen über Dahme, umringt von Kosaken, die ihm noch manchen Abbruch zufügten. Es traf mehrere Stunden später als die übrigen beiden Korps bei Torgau ein, und hatte, vom Feind am heftigsten verfolgt, auch den ansehnlichsten Verlust erlitten.

Den 7ten September Die Truppen unter Befehl des Generalleutnants von Lecoq ruhten einige Zeit bei Zilsdorf und setzten hierauf den Marsch gegen Torgau fort, wo bei Zwethau ein mehrstündiger Halt stattfand, während dessen sich mehrere Truppenabteilungen von allen Nationen und Gattungen einfanden und sammelten. Die Sachsen bezogen einen Biwak bei Graditz und Werda ohnfern Torgau. Die Franz. Division des 7ten Korps lagerte in geringer Entfernung bei Kreischa.

Die übrigen Armee-Korps /: 12te und 4te :/ trafen auch in einzelnen Abteilungen nach und nach bei Torgau ein. Der Marschall Ney sowie die übrigen Korps-Kommandanten nahmen ihr Hauptquartier in dieser Festung.

Den 8ten September Um 8 Uhr marschierte das 7te Korps durch Torgau, auf das linke Elbufer und beim Zinnaer Fort wurde eine neue Formierung der Sächs. Truppen unternommen. Aus allen Regimentern bildete man wegen ihrer Schwäche nur Bataillone, welches auch der Fall mit dem 1sten leichten Regiment der 1sten Division war. Der hier von Dresden eingetroffene Generalleutnant von Zeschau übernahm das Kommando der 2ten Division. Zum Gouverneur vom Königstein ward an seiner Stelle der zum Generalmajor avancierte Oberst von Warnsdorf vom Garde-Regiment ernannt.

Das 7te Korps bezog den Biwak und zwar die 1ste Division und Reiter-Brigade bei Süptitz, die 2te Division bei Zinna und die Französische bei Großwig.

Der Verlust der Sächs. Truppen an Toten, Verwundeten und Gefangenen betrug ungefähr 3.400 Mann und 12

Geschütze, der des Garde-Bataillons mochte Hundert und einige Zwanzig Mann ausmachen. Der Sousleutnant von Woydt ward in der Aufstellung bei Göhlsdorf verwundet und späterhin bei Dahme gefangen, auch der Major von Metzradt der Garde, welcher das Bataillon König provisorisch kommandierte, erhielt zum zweiten Mal eine schwere Verwundung. Überhaupt hatte das Sächs. Korps nur noch gegen 9.000 Mann unter den Waffen.

Das 12te Korps Oudinot und das 4te Bertrand gingen ebenfalls teils in ziemlicher Auflösung, da feindliche Kavallerie und Artillerie sich vor Torgau zeigte und sie beschoss, auf das linke Elbufer über und erhielten Ortschaften angewiesen, wo sie sich aufs Neue sammeln und formieren sollten.

Den 9ten September Das Korps marschierte gegen Mittag auf der Straße nach Düben ab. Die 1ste Division machte den Beschluss und bezog bei Pressel den Biwak, die 2te Division und Reiter-Brigade bei Düben, und die Franz. Division bei Görschlitz. Jeder der drei Divisionen war eine Reiter-Schwadron beigegeben.

Vier Mann der Garde, welche beim Bataillon ohne Waffen eingetroffen und heute früh vor dem Aufbruch abgestraft worden waren, wurden an das Bataillon Rechten abgegeben.

Abteilungen des 12ten Korps Oudinot und 4ten Bertrand rückten gegen die Mulde nach Grimma und Wurzen. Der Marschall Ney hatte sein Hauptquartier in Wurzen.

Man erfuhr, dass sich bereits feindliche Reiterei, hauptsächlich Kosaken, auf dem linken Elbufer befinden sollten.

Den 10ten September Das 7te Korps bezog einen Biwak bei Düben. Vormittags 10 Uhr brach daher die 1ste Division dahin auf. Die Brigade Brause nahm bei dieser Stadt auf der Straße nach Schmiedeberg, die Brigade Mellentin auf der Straße nach Leipzig, am linken Mulden-Ufer Stellung.

Die 2te Division stand schon gestern ohnfern der Stadt längs der Wittenberger und Dessauer Straße, die Reiter-Brigade in der Vorstadt. Die Franz. Division stellte sich auf dem linken Muldeufer bei Niederglaucha auf.

Die ins Hauptquartier /: Düben :/ kommandierte 3te Kompanie des Garde-Bataillons ward von der 4ten abgelöst.

Den 11ten September Mit Tagesanbruch wurde auf Befehl des General Reynier eine Rekognoszieren von 100 Mann leichter Infanterie der 1sten Division und 25 Husaren gegen Pretzsch und Trebitz abgesendet. Gleichzeitig gingen 30 Mann der Brigade Mellentin nach Döbern bei Bitterfeld, um zu sehen, ob sich die Mulde dort zum Übergang eigne. Das 7te Korps erhielt wider Erwarten Befehl zum Aufbruch. Die Franz. Division marschierte früh um 10 Uhr ab, durch Düben nach Kemberg, wo sie sich aufstellte. Sobald dieselbe Düben passiert hatte, setzte sich die 1ste Division nach Schmiedeberg in Marsch, ihr folgte die Reiter-Brigade und die 2te Division. Die Sächs. Divisionen bezogen Stellungen bei Schmiedeberg und zwar die Brigade

Brause der 1sten Division jenseits dieses Städtchens zwischen selbigem und Patzschwitz, welches das Husaren-Regiment besetzte. Die Brigade Mellentin auf der Wittenberger Straße. Die 2te Division lehnte ihren rechten Flügel an das Städtchen, das Dorf Großwig, welches das Ulanen-Regiment besetzt hatte, vor der Front habend. Pretzsch, Scholis und Trebitz wurden mit Infanterie-Abteilungen besetzt.

Die feindlichen Truppen hatten während der letzten Tage alle Elbfahrzeuge auf das rechte Ufer gezogen.

Den 12ten September Das 7te Korps sollte wieder nach Torgau zurück gehen, und brach daher gegen 10 Uhr über Klein-Korgau und Trossin dahin auf. In letztgenanntem Dorfe erhielt es jedoch vom Marschall Ney Befehl, bei Dommitzsch Stellung zu nehmen. Die Franz. Division blieb bei Trossin stehen. Die Brigade Brause wurde kurz vor Dommitzsch, wo General Reynier und Generalleutnant Lecoq ihre Hauptquartiere nahmen, zu beiden Seiten der Wittenberger Straße die Brigade Mellentin hinter der Stadt am Wege nach Trossin und die 2te Division zwischen Dommitzsch und dem Holze von Trossin, Malischen, welches das Husaren-Regiment besetzte, vor sich habend, aufgestellt; das Ulanen-Regiment rückte nach Trebelchar. Die gegen Pretzsch hin befindlichen Dörfer Proschwitz und Wörblitz, sowie der zur Fähre nach Prettin führende Weg, wurden besetzt. Nach Pretzsch rückte eine Abteilung Franz. Reiterei /: Division Fournier vom 3ten Reiter-Korps :/. Marschall Ney verlegte sein Hauptquartier wieder nach Torgau, woselbst der General Narbonne zum Gouverneur ernannt wurde war, und welche Festung zum Hauptdepot der ganzen Franz. Armee bestimmt wurde.

Der Feind machte keine ernstlichen Anstalten zum Übergang über die Elbe. Prettin war mit 1 Kompanie Preuß. Infanterie und einiger Reiterei besetzt. Auf dem linken Elbufer zeigten sich nur einzelne schwache Reiter-Abteilungen, zum Teil Kosaken.

In dieser Stellung verblieb das Korps bis mit dem 20ten September. Während dieser Zeit erkrankten mehrere Offiziere des Garde-Bataillons, am bedeutendsten der Kapitän von Lindt und Premierleutnant von Dreßler.

Hier erhielten die Sächs. Truppen, doch auf keinem offiziellen Weg offiziellen Weg, bestimmte Nachricht von den, für die Franz. Waffen so unglücklichen Ausgang der Schlachten an der Katzbach jenseits Goldberg in Schlesien /: 26ten August :/ und bei Kulm in Böhmen /: 29ten und 30ten August :/.

Das 12te Korps ward auf kaiserlichen Befehl am 19ten September aufgelöst und die übrigen Korps /: 4tes und 7tes :/ damit verstärkt. Die Franz. Division Guilleminot kam zum 7ten Korps. Der Marschall Oudinot ging nach Dresden und erhielt das Kommando eines Teils der Jungen Garde.

Die Sachsen formierten seit dem 21sten September nur noch 1 Division unter Befehl des Generalleutnants von Zeschau und zwei Brigaden /: Oberst von Brause und der zum Generalmajor avancierte Oberst von Ryssel :/. Der Generalleutnant von Lecoq kehrte nach Dresden zurück. Generalmajor von Mellentin erhielt das Kommando der

Depots in Torgau, und Oberst von Bose ward Generalmajor und General-Adjutant des Königs und begab sich auch nach Dresden.

Den 18ten September Das Bataillon Garde erhielt unvermutet den Befehl nach Dresden abzumarschieren, weil ein kaiserliches Dekret anordnete, dass es aufs Neue ergänzt und zur Franz. Alten Garde stoßen sollte, es brach daher

den 19ten September, nachdem es die ins Hauptquartier kommandierte 4te Kompanie und die Equipage-Wagen an sich gezogen hatte, vom Biwak bei Dommitzsch auf und marschierte bis Strehla, wo es Abends eintraf und Quartier erhielt. Dieser Ort war unbesetzt, daher an den Ausgängen desselben, besonders nach der Elbe zu, Feldwachen ausgestellt wurden.

Den 20ten September Das Bataillon marschierte nach Meißen, welchen Ort Franz. Truppen besetzt hielten, und bekam daselbst Nachtquartier.

Der Major von Jeschki, von seiner Krankheit genesen, traf hier beim Bataillon wieder ein und übernahm das Kommando desselben.

Den 21ten September Da das rechte Elbufer schon von feindlichen Trupps beunruhigt wurde, so marschierte das Bataillon längs dem linken Ufer über Siebeneichen, Gäwernitz und Prießnitz, wo es einige Zeit Halt machte, indem der Befehl einging, dass es um 1 Uhr, am Schloss in Dresden, vor seiner Majestät dem König defilieren sollte, welches auch stattfand. Das Bataillon bezog zum Teil seine alten Quartiere in der Altstadt dieser Residenz und trat wieder in seine früheren Verhältnisse zum Regiment, welches der Oberstleutnant von Radeloff für jetzt kommandierte.

Den 26ten September Das Offizierskorps des mobil gewesenen Bataillons Garde, wurde während der gewöhnlichen Miltär-Cour, in dem inneren Thron-Saal, Sr Majestät dem König vorgestellt. Nach erfolgtem Handkuss, während welchem Sr. Majestät den Offiziers zur warten befahl, trat der König in deren Mitte und hielt eine kurze Rede. Er versicherte seine vollkommenste Zufriedenheit über den Eifer, womit sie bisher, ihre Pflichten erfüllt hatten, und hoffte, dass sie mit demselben Eifer und mit derselben Treue auch künftighin der Erfüllung ihrer Pflichten nachkommen würden. Der am 23ten des Monats beim 7ten Korps erfolgte Übergang des Bataillons König, unter dem Major von Bünau zu den Schweden, in der Gegend von Wörlitz, mochte die Veranlassung zu dieser Rede gewesen sein.

Den 29ten September Eine Königl. General-Stabs-Ordre befahl die Formierung des Garde-Bataillons, welches zu der Kaiserl. Franz. Alten Garde stoßen sollte, zugleich machte sei Avancements bekannt, welche jene Formierung herbeiführte:

Zum Major ward ernannt der Kapitän von Dreßler.

zu Kapitäns die Premierleutnants von Müller, von Bosse, von Dziembowski und von Sahr

zu Premierleutnants die Sousleutnants von Einsiedel und von Kiesewetter.

Anmerkung:

1) Die Anciennität des Kapitäns von Römer, welcher im Mai d.J. bei Luckau in Gefangenschaft geriet, aber mit Ehrenwort, vor Auswechslung nicht zu dienen, entlassen wurde, und dermalen sich auf der Festung Königstein befand, sowie die des Premierleutnant von Dreßler, welcher noch krank lag, ward vorbehalten. Der Kapitän von Lindt erhielt krankheitshalber auch keine Anstellung bei diesem Bataillon.

2) Der Kapitän von Römer hatte indessen den Franz. Ehrenlegion[5]- so wird er Adjutant von Dziembowski seit seinem Eintreffen in Dresden des Sächs. St. Heinrichs[6]-Orden erhalten.

Bei dem neu formierten Garde-Bataillon wurden angestellt:

Kommandant	Major von Dreßler	
Adjutant	Kapitän von Dziembowski 2te	
Kapitän	von Dzienbowski 1te	1te Komp.
	von Müller	2te
	von Bosse	3te
	von Sahr	4te
Premierltn.	von Jeschki	2te
	von Weis	1te
	von Einsiedel	3te
	von Kiesewetter	4te

---

[5] Orden-Nr. 35 456, beliehen am 15.05.1813
[6] Beliehen am 15.09.1813 für Bautzen (20.05.) und Reichenbach (22.05.1813)

Sousltn.	von Götz	3te
	v.d. Planitz	1te
	von Feilitzsch	2te
	von Wildbach	4te

Die Einteilung der Offiziers bei den Kompanien ist neben dem Namen vermerkt.

Der Etat des Bataillons war folgender:

		monatl. Gehalt	
		Taler	Groschen
1 Kommandant		129	
1 Adjutant		65	
1 Bataillons-Chirurg		15	
1 Fahnjunker		6	12
1 Bataillons-Tambour		6	
1 Büchsenmacher		6	
4 Kapitäns	à	60	
4 Premierleutnants	à	30	
8 Sousleutnants	à	25	
(wovon jedoch 4 Stellen unbesetzt blieben)			
4 Feldwebel	à	9	
16 Sergeanten	à	7	
4 Fouriers	à	7	
2 Chirurgen	à	10	
32 Korporals	à	6	
12 Tambours	à	3	12
8 Zimmerleute	à	3	12
700 Grenadiers	à	3	
800 Mann			

Der Verpflegungsauswurf des Bataillons bekam auch eine Erhöhung und zwar so als er neben den Chargen bemerkt ist. In diese Verpflegung trat es mit dem 1sten Oktober und nur diesen einzigen Monat genoss es selbige, welches die bald darauf eintretenden Verhältnisse veranlassten. Zu diesem Bataillon wurden nur Leute gewählt, welche bereits Feldzügen beigewohnt hatten, und als besondere Begünstigung erhielt dasselbe teils in Geld, teils in Natura, außerreglementsmäßige graue Tuchpantalons. Zur Fortbringung der Equipage wurden dem Bataillon ein 4spänniger Deckelwagen und 5 Packpferde! zugeteilt.

Das Bataillon Sächs. Garde stieß zur neugebildeten 2ten Division alter Franz. Garden. Diese Division kam unter den Befehl des Franz. Divisions-Generals Grafen Curail. Sie zerfiel in 2 Brigaden, welche die Generäle Christiani und Rottenbourg anführten. Die 1ste Brigade bestand aus 2 Regimentern Füsiliers und 2 Bataillons Veliten /: Christiani :/. Die 2te Brigade /brigade etrangère :/ aus 1 Westfälischen, 1 Polnischen und dem Sächs. Garde-Bataillon.

Die 1ste Division Alter Garde, unter dem Divisions-General Grafen Friant bestand aus: 2 Regimentern Grenadiers und 2 Regimentern Chasseurs de la Garde.

Die Junge Garde bildete 4 Divisionen. Hierzu gehörte noch 1 Division Garde-Kavallerie mit des Gardes d'honneurs und die Garde Artillerie mit 60 Geschützen.

Dieses Korps machte über 30.000 Mann aus, war erst kürzlich wieder zum Teil ergänzt und durch die 2te Division Alter Garde verstärkt worden. Der Marschall Mortier führte den Oberbefehl über sämtliche und besonders den, zweier Divisionen Junger Garde; der

Marschall Oudinot hatte die zwei andern Divisionen Junger Garde unter seinem Befehl und der General Drouot die Anstellung als Aide Major de la Garde auch hauptsächlich die Artillerie unter seiner Leitung. Der Oberst Nöelgirard war Chef des Generalstabes der 2ten Division.

Diese Division bezog Quartiere in der Neustadt, doch bekam das Sächs. Bataillon die Erlaubnis in der Altstadt, wo auch die 1ste Division lag, zu verbleiben.

Dreimal des Tages hatte das Sächs. Bataillon Appell mit Sack und Pack auf dem Neumarkt, nämlich früh 6 Uhr, Mittags 12 Uhr und Abends 5 Uhr, auch erhielt selbiges nunmehr die Natural-Verpflegung aus den Franz. Magazin.

Den 2ten Oktober Der Kaiser wollte über seine sämtlichen Garden vor der Schanze nach Plauen Heerschau halten. Das Sächs. Bataillon erwartete um ½ 9 Uhr an der Brücke die übrigen Truppen der Division, jedoch vergeblich, weil das eingetretene Regenwetter dem militärischem Schauspiel ein Hindernis legte.

Den 3ten Oktober Um 11 Uhr hatte der Generalleutnant und Chef des Königl. Generalstabes von Gersdorff, vorm Pirnaischen Schlage, links der Straße, eine Besichtigung des Bataillons angeordnet. Er hielt eine Anrede, worin er die Vorteile auseinander setzte, die dem Bataillon durch die Verbindung mit der Alten Garde zu Teil wurde, und erklärte, dass diese Verbindung keine Vereinigung, wie es das Gerücht verbreitet hatte, sei und es wie zuvor in Sächs. Diensten verbleiben und Sächs. Sold genießen würde.

Den 4ten Oktober Der General Curail hielt Nachmittags 4 Uhr Revue über die Division, auf dem Platz vor dem Japanischen Palais. Das Sächs. Garde-Bataillon erlangte seine vollkommene Zufriedenheit.

Den 6ten Oktober Alle Franz. Truppen verließen Dresden und die Umgebung, nur das 1ste Mouton und 14te Korps St.Cyr blieben als Besatzung dieser Residenz zurück.

Das Sächs. Garde-Bataillon sollte des andern Tages früh 6 Uhr vor dem Wilsdruffer Tor die Division erwarten.

Den 7ten Oktober Früh bestimmte ein anderweiter Befehl, dass die Division die Eskorte des ebenfalls abreisenden Königs, nebst Königin und Prinzessin Tochter, bilden sollte. Die übrigen Königl. Prinzen und Prinzessinnen blieben in Dresden zurück.

Das Garde-Bataillon erwartete von 6 Uhr an die Ordre zum Abmarsch auf dem Neumarkt, welche nach 7 Uhr erfolgte und traf vor dem Wilsdruffer Tor bei der Brigade ein. Auch das schwache 2te Bataillon Sächs. Garde, unter Befehl des Oberstleutnant von Radeloff, daher im ferneren Verfolg dieser Blätter, die Abteilung unter Radeloff benannt, welches nur 2 Divisionen formieren konnte und bei welchem sich auch der Major von Jeschki befand, folgte dem König früh bei seiner Abreise, die wahrscheinlich erst Abends zuvor beschlossen worden war.

Der Marsch hatte wegen der üblen Witterung und Wege viel Beschwerden, besonders weil die Infanterie-Kolonnen, wo es sich tun ließ, über die lehmigen Felder marschierten, indem die Straße mit den Königl.

Equipagen und einem ansehnlichen Artillerie-Train bedeckt war. Mehrere Halte! und eine bei Sora jenseits Wilsdruff veranlasste Stockung des Marsches, indem im Dorf ein Franz. Ponton-Train förmlich stecken geblieben war, verursachte, dass erst nach 6 Uhr Abends die Division und mit ihr die Königl. Familien in Meißen eintraf.

In der Suite des Königs befanden sich, außer mehreren Sächs. Offizieren, der Generalleutnant und Chef des Königl. Generalstabes von Gersdorff, der Generalmajor und General-Adjutant von Bose, der Oberst und General-Adjutant von Heinecken sowie die Polnischen General-Adjutanten. Eine starke Abteilung der Polnischen Lanciers der Garde und einige Sächs. leichte Reiter dienten ebenfalls als Begleitung.

Der Herzog von Bassano /: Minister-Staatssekretär Maret :/ befand sich auch bei dieser Kolonne.

Die Division wurde in Meißen einquartiert.

Das rechte Elbufer war bereits zum Teil von feindlichen Vortruppen besetzt, unter anderem stand eine Abteilung Preußen in Proschwitz, daher das diesseitige die Vorposten schützen musste. Von der Brigade Rottenbourg rückte zu diesem Zweck eine Kompanie des Westfälischen Bataillons an die Elbe auf Feldwacht.

Der Kaiser war bereits früh 6 Uhr über Wilsdruff, Meißen nach Seerhausen abgegangen. Die 1ste Division Alter Garde, sowie die übrigen Garde zu Fuß und zu Pferd folgten ihm.

Der 8te Oktober Früh um 7 Uhr rückte die Division in Kolonnen, kurz vor die Stadt zwischen der Straße nach Leipzig und dem Elbufer, wahrscheinlich mochte eine feindliche Alarmierung die Ursache gegeben haben. Nur eine kurze Zeit blieb selbige in dieser Aufstellung und kehrte wieder in die Stadt zurück.

Gegen 10 Uhr fand endlich der Abmarsch statt, welcher ebenfalls die gestrigen Beschwerden darbot. Die Division traf bei eintretender Dunkelheit in Oschatz ein und wurde daselbst einquartiert; der König nebst Gefolge nahm ebenfalls eine Wohnung in der Stadt.

Der Kaiser befand sich in Wurzen, wohin auch die Garden ihren Marsch genommen hatten.

Den 9ten October Gegen 9 Uhr erfolgte der Abmarsch. Fünfzig Mann des Sächs. Garde-Bataillons wurden nebst 50 Mann Franzosen der 1sten Brigade, mit der Equipage des Franz. Divisions-Generals Dumoustier abgesendet, um in Wurzen die Wohnung des Königs, und die Quartiere der übrigen Generals und Obersten zu besetzen. 60 Mann, halb Franzosen, halb Sachsen bildeten die Wacht des Königs. Der Kapitän von Müller übernahm das Kommando dieser 100 Mann und insbesondere das, der Wacht beim König. Die Division erhielt ebenfalls Quartier in Wurzen, wo sie Nachmittags eintraf.

Der Sousleutnant von Einsiedel vom Garde-Regiment, als Adjutant beim Generalleutnant von Zeschau abgestellt, war von selbigem an den König gesendet; das 7te Korps befand sich am heutigen Tag in der Gegend von

Eilenburg, wo der Kaiser, der in dieser Stadt übernachtete, Revue gehalten hatte.

Den 10ten Oktober Der Kaiser nebst der Garde ging nach Düben, wahrscheinlich hatte er gehofft, hier die Schlesische Armee anzutreffen.

Stündlich erwartete die Division den Befehl zum Abmarsch, welcher Abends 8 Uhr erfolgte. Das Garde-Bataillon zog die 50 kommandierten Mann wieder an sich.

Die Königl. Familie war auch diesem Nachtmarsch unterworfen, welcher wegen mehrerer Halte, besonders vor Thallwitz, sehr langsam von Statten ging. Die Division traf gegen Morgen in Eilenburg ein, woselbst sie einquartiert wurde.

Die 1ste Kompanie des Sächs. Garde-Bataillons rückte als Feldwacht jenseits der Muldenbrücke. Bairische Truppen befanden sich bereits in Eilenburg.

Den 11ten, 12ten und 13ten Oktober blieb die Division in Eilenburg, den stündlichen Abmarsch erwartend. Die auf Feldwacht stehende 1ste Kompanie der Sächs. Garde ward unterdessen durch eine Polnische Kompanie abgelöst. Einzelne Kosakentrupps näherten sich zuweilen der Stadt.

In diesen Tagen hatte der Kapitän von Bosse den St. Heinrichs-Orden[7] erhalten, ward plötzlich krank und starb späterhin in Leipzig am erhaltenen Nervenfieber.

---

[7] Beliehen am 06.10.1813 für das ausgezeichnete Verhalten bei Leopoldshayn, Wittstock, Großbeeren und Dennewitz

Auch der Kapitän von Sahr musste in Eilenburg krank zurück bleiben.

Statt der gedrückten Packpferde wurde hier ein Wagen entnommen und die 4 leidenden Tiere vorgelegt.

Der Kaiser verweilte während dieser drei Tage mit seinen Garden in Düben.

Den 14ten Oktober Gegen 9 Uhr ward der Marsch nach Taucha angetreten, auch die Königl. Familie hatte sich wieder an die Division angeschlossen. Mehrere Franz. Reiterei der Garde kam von Düben her, und marschierte in der Richtung nach Leipzig. Kurz vor Taucha hielt die Division, die Königl. Familie nebst Suite und allen dazugehörigen Equipagen, eskortiert von den Polnischen Lanciers, den Sächs. Reitern und der Abteilung Garde unter Radeloff, passierten das Städtchen und setzten ihre Reise nach Leipzig fort.

Die Division nahm Stellung in Kolonnen gleich jenseits Taucha, Front gegen Portitz an der Parthe. Ein paar entfernte Kanonenschüsse nach Lindenthal zu, deuteten auf feindliche Annäherung von dieser Seite; während dass eine südlichere heftige Kanonade in der Richtung nach Borna auf die Gegenwart des Feindes auch von der entgegengesetzten Seite, mit Recht schließen ließ. Die Division wollte eben eine Rekognoszierung gegen die Parthe von 100 Mann versenden, als ein angekommener Kaiserl. Befehl anordnete, dass sie sofort nach Liebertwolkwitz zu aufbrechen sollte. Sie marschierte in Kolonnen, Paunsdorf rechts lassend, bis Holzhausen, wo sie Abends eintraf und in dieser Marschordnung den Biwak, Front nach Grimma zu, bezog. Die Kanonade bei

Wachau hatte kurz vor Eintreffen der Kolonne bei Holzhausen nachgelassen, und endlich ganz aufgehört.

In einiger Entfernung vor der Front des Sächs. Garde-Bataillons wurde zur Deckung der Brigade eine Feldwacht von dieser Truppe ausgesetzt, welche der Kapitän von Müller kommandierte. Die Nacht war kalt, und ungewöhnlich stürmisch, ein ununterbrochener Regen strömte herab, an Materialien zum Hüttenbau fehlte es gänzlich, kein Wachtfeuer brannte, daher die Mannschaft größtenteils hin und her lief, um nur den Körper zu erwärmen. An Lebensmitteln war gänzlicher Mangel und die Truppe nur auf die spärlichen Fassungen beschränkt.

Der Kaiser hatte früh Düben verlassen und nebst den Garden sein Hauptquartier in Reudnitz, ganz nah an Leipzig, ohnfern der Wurzner Straße genommen. Ein Teil der Jungen Garde befand sich bei Zuckelhausen.

Den 15ten Oktober Die Division blieb in ihrer Aufstellung.

Der König von Neapel stattete dem Kaiser schon früh Bericht von dem gestrigen Gefecht ab. Dieser begab sich 10 Uhr nach Liebertwolkwitz und auf eine rechts des Dorfes nach Wachau zu gelegene Höhe. Hier verweilte er bei einem großen Wachtfeuer im Gespräch mit mehreren Marschällen.

Ein feindlicher General besichtigte von der nach Gossa hin liegenden Höhe die Franz. Stellung.

Nachmittag ritt der Kaiser auch über Wachau bis Liebertwolkwitz, wo das 5te Korps hakenförmig an-gelehnt war. Hier fand eine kriegerische Feierlichkeit statt. Drei Franz. Regimenter erhielten zugleich neue Adler. Er kam auch nach Holzhausen, wo er die neu formierte 2te Division der Alten Garde zum ersten Mal in Augenschein nahm. Beim Sächs. Garde-Bataillon erkundigte er sich, ob es vollständig sei, und ob alle Mannschaften schon Feldzügen beigewohnt hätten; ein nicht allzu lebhaftes Vivat! beschloss diese kurze Besichtigung. Der Kaiser kehrte über Zweinauendorf nach Reudnitz zurück.

Abends löste eine Westfälische Garde-Kompanie die auf Feldwacht sich befindende Sächsische ab.

Ohngeachtet sich die gegenseitigen Heere sehr nahe befanden, so war den ganzen Tag nichts Wesentliches vorgefallen. Nur die zum Teil angeführten Rekognoszierungen hatten stattgefunden, aber mit desto mehr Gewissheit konnte man irgend einen Angriff auf den folgenden Tag entgegensehen.

Den 16ten Oktober Früh wurde der Kapitän von Müller krank und musste nach Leipzig abgehen; das Bataillon hatte daher nur noch einen dienstfähigen Hauptmann.

Der Kaiser fuhr! früh bis auf die Höhe zwischen Liebertwolkwitz und Wachau, die er gestern besucht hatte. Hier stieg er aus, und beobachtete einige Augenblicke lang die Formierung der feindlichen Angriffs-Kolonnen, auf die ihn der König von Neapel aufmerksam machte. Sogleich wurden die Pferde herbeigeführt, er verließ mit seinem Gefolge ganz langsam die Höhe, und in diesem Moment kündigten 3 regelmäßige Signalschüsse die Eröffnung des Kampfes von Seiten des Feindes an.

Nach 9 Uhr brach die Division auf, kreuzte sich beim Vorrücken nach Zuckelhausen mit Franz. Reiterei des 2ten Korps Sebastiani, welche nach dem linken Flügel eilte, marschierte so dann gegen Liebertwolkwitz in Linie auf, und verblieb als Reserve. Vor derselben befanden sich, ebenfalls in Linien, zwei Divisionen Junger Garde unter Mortier, welche späterhin den Krähenwald /: Niederwald :/ erstürmten.

Die Kanonade hatte nach 8 Uhr bei Markkleeberg begonnen und verbreitete sich bald und mit der größten Heftigkeit über die ganze Gegend. Die Dörfer Markkleberg, Wachau und Liebertwolkwitz wurden vom Feind angegriffen; Markkleeberg und Wachau mehrmals genommen und wieder genommen, ersteres endlich vom Feind behauptet, der Angriff auf Wachau aber abgeschlagen. Der Kaiser und die Garden mussten hier anfänglich gegen die Schäferei von Meusdorf etwas zurück gehen. Mittlerweile hatte das 11te Korps Macdonald, welchem auch das 2te Reiter-Korps Sebatiani zugeteilt worden war, die links seitwärts von Liebertwolkwitz gelegene Höhe, die so genannte Schwedenschanze, auch Kolmberg genannt, angegriffen, und nahm selbigen nach 2 Uhr mit dem Bajonett.

Diese Wegnahme, sowie die eben erwähnte Erstürmung des Krähenwaldes nötigten den Feind zum Rückzug nach Fuchshain und Groß-Pösna an dem Universitätswald. Dieser Wald und Seifertshain wurden zwar auch angegriffen, letzterer Ort sogar in den Abendstunden genommen, konnte aber beide nicht behauptet werden.

Die Division marschierte nach der Wegnahme der Schwedenschanze, rechts ab, hinter Wachau gegen den rechten Flügel zu, setzte sich in Kolonne und machte Halt. Bei Wachau war das Gefecht am heftigsten, und der Kaiser mit den Garden selbst zugegen.

Die Division erhielt nach jenem Halt in Wachau Befehl sich rechts gegen Connewitz zu bewegen, um das Ponaitowskische Korps, welches viel verloren, sich aber sehr brav geschlagen hatte, zu unterstützen. Die von der polnischen Artillerie unterhaltene Kanonade, ward nun von den Geschützen der Division verstärkt, worauf ein heftiges Feuer gegen den jenseits der Pleiße aufgestellten Feind erfolgte, während dessen die Division in geöffneten Plotons-Kolonnen hinter den Batterien gegen Connewitz marschierte.

Der Tag fing an sich zu neigen. Die Brigade Christiani rückte in das Dorf, die Brigade Rottenbourg stellte sich zur Unterstützung links desselben auf und sendete einzelne Züge /: Sächs. Garde-Bataillon ein Ploton :/ an das rechte Pleißeufer.

Der Feind, das Misslingen seines Unternehmens gewahrend, zog sich zurück, die Kanonade hörte, bis auf einzelne Schüsse, auf und die eingetretene Dunkelheit machte auch hier dem Gefecht ein Ende. Die Brigade Rottenbourg, welche die entsendeten Züge an sich zog, blieb in ihrer Stellung in Divisions-Kolonnen, mit dem rechten Flügel an Connewitz, Front nach den Pleiße, wo eine Feldwacht vor dem Westfälischen Bataillon ausgesetzt wurde. Die Brigade Christiani stellte sich mehr rechts hinter Connewitz auf. Die Nacht war wieder sehr regenreich und kalt, der fette Boden fast aufgelöst, an Stroh, sowie an Lebensmittel gänzlicher Mangel, jedoch erhielt das Bataillon andern Tages noch etwas Brot, Reis und Branntwein aus den Vorräten der Franz. Garden.

Den 17ten Oktober Fast schien es, als sollte der Sonntag feierlich begangen werden, denn alles verhielt sich ruhig und blieb größtenteils in seinen Stellungen, welches auch mit der Division der Fall war. Die gegenseitigen Vorposten standen zum Teil auf Flintenschussweite entfernt. Die Witterung des Tages war der, der vorangegangenen Nacht gleich, ein fast ununterbrochener kalter Regen erweichte den Boden immer mehr und mehr.

Den 18ten Oktober Früh um 3 Uhr nahm der rechte Flügel, die südlich von Leipzig stehenden Korps, eine gegen die Stadt konzentrierte Stellung. Die Division brach ebenfalls auf und marschierte über Probstheida nach Stötteritz, wo sie zur 1sten Division Alter Garde stieß. Jetzt fing es an hell zu werden, auch hatte der Regen nachgelassen. Bei Probstheida überraschte den Vorbei-marschierenden ein unerwartetes Schauspiel. Eine große Anzahl Munitionswagen, welche wahrscheinlich nicht fortgeschafft werden konnten, wurde verbrannt, und die hin und wieder sich darin befindliche Munition in die Luft gesprengt.

Der Kaiser verließ sehr früh den Biwak, das Hauptquartier ging nach Stötteritz. Der Kaiser kehrte gegen 8 Uhr nach Stötteritz, wo indessen die Garden eingetroffen waren, zurück und stieg in einem der dasigen Landgüter zum Frühstück ab, aber wenige

Minuten darauf brachte der sich überall sich erhebende Geschützdonner das ganze Hauptquartier in Bewegung.

Beide Alte Garde Divisionen rückten nach einer Stunde gegen die, auf einer ansehnlichen Höhe liegende Quandtsche Tabaksmühle /: Windmühle :/ und entwickelten sich in einer Linie, so dass die Mühle die Divisionen trennte. Die 2te Division hatte den rechten Flügel und das Sächs. Garde Bataillon stieß folglich zunächst an selbige. Auf einer rechts vorwärts gelegenen Höhe marschierte Franz. Garde-Artillerie auf, und es erhob sich auch hier das Geschützfeuer. Nach einiger Zeit kam der Kaiser nebst Suite vor das Sächs. Garde-Bataillon, stieg vom Pferd und ging allein auf einem vorliegenden Feld auf und nieder, fertigte mehrere Ordonnanz-Offiziere ab, besprach sich mit einigen Generälen und legte sich plötzlich mit dem Rücken nach der Schlachtlinie auf die Erde nieder. Ein Page reichte ihm ein Lederkissen unter den Kopf, nach welchem er sich mit dem Gesicht, beide Hände untergelegt, wandte. Eine geraume Zeit blieb er in dieser Lage, während mehrere Offiziere ihn zu sprechen wünschten, allein niemand schien eine Störung unternehmen zu wollen. Welche Gedanken mochten diesen Mann jetzt durchkreuzen, da er endlich sah, dass sein Glücksstern untergehen würde. Der eilends herbeistürzende König von Neapel /: so eilig, dass er beim Abspringen vom Pferd selbiges laufen ließ, bis es eine Ordonnanz aufhielt :/ brachte ihn wieder in Bewegung. Der Kaiser ging mit selbigem und Berthier, welchen er rufte, an hundert Schritte abseits und besprach sich sehr lebhaft mit beiden Herren. Wahrscheinlich wurde hier das Schicksal des Tages entschieden und bestimmt. Die Kanonade schien am heftigsten bei Probstheida zu wüten. Der Kaiser stieg wieder zu Pferd und entfernte sich.

Die Division formierte Kolonnen und die Brigade Rottenbourg marschierte rechts vorwärts ab und nahm hinter jener Garde-Batterie, welche ununterbrochen feuerte, Stellung. Nach einem mehrstündigen Aufenthalt bewegten sich die Kolonnen noch weiter rechts, zur abermaligen Unterstützung des sehr geschwächten Ponaitowskischen Korps. Dieses war seit dem Morgen in ein unaufhörliches Plänklergefecht verwickelt, hatte nur wenig Terrain verloren und stets seine Stellung bei Connewitz behauptet. Das Sächs. und Westf. Garde-Bataillon gingen hierauf bis an abgelassene Teiche vor, jenseits welchen sich Gebüsch befand, wo das bereits bemerkte Tirailleurgefecht zum Teil stattfand und wohin eine Kompanie des Westf. Bataillons gleichfalls zum Plänkeln entsendet wurde. Nach einiger Zeit bekam das Sächs. Bataillon wieder den Befehl, zu dem Polnischen Garde-Bataillon, welches in der früheren Stellung geblieben war, zu stoßen. Eben im Rückmarsch begriffen, ordnete ein Polnischer General /: er war Ponaitowski selbst :/ das abermalige Vorrücken des Sächs. Bataillons an, allein der eben auch mit dem Westf. Bataillon, von dessen zum Plänkeln vorgeschickter Kompanie nur sehr wenig eingetroffen waren, zurück kommende General Rottenbourg ließ selbiges wieder umkehren, und erwähnte, dass diese Garden auf Befehl des Kaisers in Reserve bleiben sollten. Die Brigade Christiani war gegen Stötteritz gebraucht worden, wo sie viel Mannschaft einbüßte und die 1ste

Division Alter Garde rückte teils gegen Probstheida und teils gegen Reudnitz vor. Die Dunkelheit brach ein und machte nach und nach der Schlacht ein Ende. Die Brigade Rottenbourg zog sich wieder in die Nähe der Quandtschen Tabaksmühle, wo sie die Brigade Christiani antraf, und in dieser Stellung biwakierte. Auch die 1ste Division Alter Garde lagerte bei dieser Mühle, wo ebenfalls der Kaiser bei einem Wachtfeuer einen Teil der Nacht zubrachte.

Von dem Übergang der Sachsen erhielt in der Nacht ein Feldwebel des Sächs. Garde-Bataillons einige Nachricht von einem Sergeant-Major der 1sten Division Alter Garde und gab sogleich seinem Bataillons-Kommandanten davon Nachricht, der ihm aber strengstes Schweigen über diesen Vorfall gebot.

Die Witterung und der Mangel an Allem in dieser Nacht war, wie leicht zu denken, der aller vorherigen Tage und Nächte gleich. Die Tabaksmühle, und die nahe gelegenen Straßenhäuser verschafften den hier lagernden Truppen noch einige Brennmaterialien, welche auch, wie es früh der Augenschein bewies, gehörig benutzt worden waren.

Den 19ten Oktober Der Kaiser verließ ganz in der Früh die Tabaksmühle. Er ritt nach Leipzig und bezog des Hotel de Prusse auf dem Roßplatz. Die 1ste Division Alter Garde folgte ihm nach dieser Stadt. Das Sächs. Grade-Bataillon erhielt vor Tagesanbruch Befehl, der bereits auch nach Leipzig abmarschierten Brigade Christiani zu folgen, welche sie vor der Stadt einholte.

Das Westf. und Polnische Bataillon, unter dem General Rottenbourg, verblieben in ihrer Stellung, um wahrscheinlich dem noch vorstehenden 8ten Korps Ponaitowski als Rückhalt zu dienen.

Das Sächs. Bataillon rückte, immer der Brigade Christiani folgend, in Leipzig durch das Hospital-Tor ein. Je mehr man sich der Stadt näherte, je mehr nahm alles das Gepräge des Rückzugs an. Eine Menge stehen gelassener Munitionswagen wurde verbrannt oder in die Luft gesprengt, Seitenstück zum gestrigen Schauspiel bei Probstheida. Infanterie-Kolonnen und Reiterei, Artillerie, Train, Equipagen, Marketender pp. drängten sich in ungeregelter Ordnung dem Tore zu, wo man sich den Eingang gewissermaßen mit Gewalt erkämpfen musste. Mehrere Infanterie-Bataillone, unter welchen sich auch des Sächs. Garde-Bataillon befand, erzwangen selbigen auf einmal und marschierten, unterbrochen vom mehreren Wagen, Geschützen pp. neben einander. Auf dem Grimmaischen Steinweg erhielt der Kommandant des Sächs. Garde-Bataillons eine, auf ein abgerissenes Oktavblatt an den General Curail gerichtete Ordre des Generals Drouot eingehändigt, welcher anordnete, dass dies Bataillon in die Stadt einrücken, und ferner die Wacht beim König von Sachsen bilden sollte; es lautete wie folgt:

M^r le general Curail Séra avancer de suite le bataillon Saxon et l'euverra au logement du Roi. Il previendra le chef de bataillon doit rester avec le Roi, et formera la garde de S. M. le Roi de Saxe.

Leipsic 19^{8ber} 1813   *G^l Drouot*

Das Sächs. Garde-Bataillon, welches bei dem tumultu-
arischen Einrücken in die Vorstadt, hin und wieder
getrennt worden war, sammelte sich daher am inneren
Grimmaischen Tor, während die Franz. Truppen ihren
Marsch rechts nach dem Ranstädter Tor und der
Weißenfelser Straße über Lindenau – die einzige ihnen
offen gebliebene Rückzugslinie –in Massen fortsetzten.
Es rückte um 9 Uhr in die Stadt ein, und stellte sich auf
dem Marktplatz, Front nach der Grimmaischen Gasse, in
Kolonne auf. Das krenelierte Tor war geschlossen, von
Franz. Wache besetzt und der Schlagbaum
herabgelassen, doch der Ruf, dass das Bataillon auf
kaiserlichen Befehl einrücke, öffnete beides. In der Stadt
waren alle Türen geschlossen, und nur sehr wenige
Einwohner bemerkte man auf den Straßen.

Die Garde-Abteilung unter Radeloff befand sich vor der
Wohnung des Königs am Markt aufmarschiert, sonst war
der Platz für jetzt frei. Nun erfuhr man mit Bestimmtheit
den gestern erfolgten Übergang der Sächs. Truppen. Der
Kommandant des Garde-Bataillons meldete sich alsbald
beim Sächs. Generalleutnant von Gersdorff, welcher sich
in der Wohnung des Königs befand, und erhielt die
Weisung, dass Sr Majestät ihn sprechen würde. Doch
bevor dies erfolgte, wurde die Ankunft des Kaisers
angekündigt, der sofort in des Königs Zimmer eintrat.
Der Bataillons-Kommandant verfügte sich wieder zu
seiner Truppe auf dem Marktplatz, wo indes eine
bedeutende Anzahl Franz. Reiterei der Garde
angekommen war. Hier erkundigte sich der General
Drouot bei ihm ganz genau, ob das ganze Bataillon
eingerückt sei und ob nichts davon sich noch bei den

Franz. Truppen befände. Nach einer fast ½ stündigen Unterredung des Kaisers mit dem König, worin er ihm gewiss sein lebhaftes Interesse und seinen Wunsch ihm kräftiger beistehen zu können, ausgedrückt hatte, und ihm nochmals die Wahl freigestellt haben soll, ihm zu folgen, oder zu bleiben, wählte der König letzteres, worauf der Kaiser sich verabschiedete, wieder zu Pferd stieg und an das Sächs. Garde-Bataillon heran ritt. Er richtete mehrere, für diese Augenblick für ihn höchst gleichgültige Fragen an den Kommandanten, welche jedoch bewiesen, dass dieser große Mann auch in der nachteiligen Wendung des Schicksals, seinen Gleichmut, seine Geistesstärke, nicht verlor. Jene Fragen waren folgende: ob das, das Bataillon sei, welches bei seinen Garden gestanden? Ob es viel Mannschaft verloren habe? Ob durch Geschütz oder Kleingewehrfeuer? Ob es bei der Füsilade von Stötteritz gewesen sei? Er warf noch einen Blick auf die Mannschaft, hob die rechte Hand und schloss mit dem Worten: *„Gardez bien vôtre Roi!"* /: Bewacht Euren König wohl! :/, worauf er nebst Suite nach dem Ranstädter Tor ritt, gefolgt von den aufmarschierten Garden.

Unterdessen wurde es auf dem Marktplatz sehr lebhaft. Die nicht übergegangenen Sächs. sehr schwachen Bataillone, Teile der Brigade Ryssel, als: Grenadier-Bataillon Anger, das Bataillon Anton, unter Major von Holleufer, das Bataillon Niesemeuschel, jetzt unter Major von Bose und ein Teil des Bataillons Friedrich, unter Major von Brandt, rückten beim Abgang des Kaisers aus der Grimmaischen Straße auf dem Marktplatz und stellten sich auch in Kolonne auf. Hier sammelten sich ebenfalls nach und nach vereinzelte Trupps der Sächs. schweren und leichten Reiterei. Der Generalleutnant von Zeschau hatte schon Abend zuvor sein Quartier in der Stadt genommen. Mehrere Hessen-Darmstädtische und Badische Infanterie marschierte in der Grimmaischen und Peter Straße auf, wurde aber späterhin entwaffnet.

Die Kanonade hatte schon früh 9 Uhr in der Gegend des Äußeren Grimmaischen Tores begonnen, sich auch bald darauf vor den übrigen verpallisadierten Ausgängen der Stadt verbreitet, wurde immer heftiger und rückte auch immer näher. Alle Sachsen waren in ungewisser Erwartung, welchen Ausgang die Katastrophe für den König und auch für das Land nehmen würde und beobachteten ein dumpfes Schweigen. Der General-leutnant von Zeschau – einziger General der im Hause des Königs zu sehen und zu sprechen war – gab die Weisung, wenn feindliche Truppen einbrechen sollten, mit einem Tuch zu winken, als Zeichen der friedlichen Gesinnung, und abzuwarten, was darauf erfolgen würde. Franz. Offiziere und Abgeordnete vom Rat der Stadt begaben sich zu den alliierten Monarchen, welche unweit der Straßenhäuser hielten, um Unterhandlungen wegen Übergabe der Stadt, gegen freien Abzug der Truppen, anzuknüpfen, und um Schonung für die Stadt zu bitten, erlangten aber keinen befriedigenden Bescheid. Auch der Oberst und Intendant von Ryssel, ebenfalls unter den Gegenwärtigen, dessen bald zu spielende Rolle nicht zu ahnden war, ritt als Parlamentär in Begleitung eines Trompeters /: Garde-Hautboist auf einem Kürassierpferd :/ vor das Äußere Grimmaische

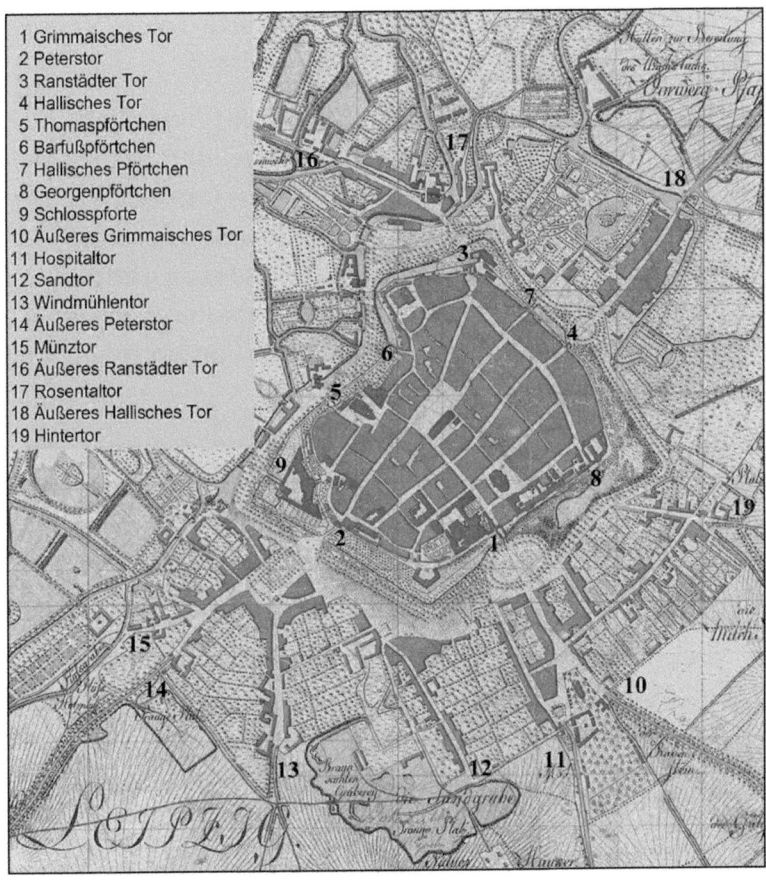

1 Grimmaisches Tor
2 Peterstor
3 Ranstädter Tor
4 Hallisches Tor
5 Thomaspförtchen
6 Barfußpförtchen
7 Hallisches Pförtchen
8 Georgenpförtchen
9 Schlosspforte
10 Äußeres Grimmaisches Tor
11 Hospitaltor
12 Sandtor
13 Windmühlentor
14 Äußeres Peterstor
15 Münztor
16 Äußeres Ranstädter Tor
17 Rosentaltor
18 Äußeres Hallisches Tor
19 Hintertor

Abb. 02   Leipzig mit seinen Stadttoren

Tor, kehrte aber ebenfalls mit unbestimmter Antwort zurück. Nunmehr näherte sich das Feuer aller Art immer mehr, Kugeln und Granaten flogen in die Stadt, das kleine Gewehrfeuer begann in der Nähe des Inneren Grimmaischen Tores und schleuderte eine Menge kleiner

Kugel längs der Grimmaischen Gase hinab, welche, nachdem sie mehrmals an dem Gemäuer der Häuser abgeprallt waren, auch auf dem Marktplatz einschlugen, wo das Garde-Bataillon einige Verwundete erhielt. Franzosen in allen Gestalten, verwundete Offiziers und Gemeine pp. flohen über den Markt und verbargen sich in allen Winkeln, letztere wurde auch von barmherzigen Seelen in den Häusern aufgenommen.

Eine Menge polnischer Offiziers hatten sich in das Haus des Königs – als ihren Landesherrn – gleichsam unter seinen Schutz begeben.

Plötzlich erschallte am Inneren Grimmaischen Tor gegen ½ 11 Uhr ein lautes Hurrageschrei und Hörnergetön. Preuß. Füsiliers waren eingedrungen und näherten sich dem Marktplatz. Ein Wedeln mit weißen und bunten Tüchern aller Gattungen und ein lebhaftes Freudengeschrei aus allen Fenstern empfing sie, Seiten der Leipziger Bewohner.

Die wenigen Sächs. Truppen erwarteten mit Gewehr beim Fuß ihre Annäherung, die Anführer winkten mit Tüchern, die den Platz schräg überschreitenden Preußen brachten den Sachsen ein Hurra! welches natürlicherweise durch ein Lebe hoch! nebst gleichfallsigem Tuchwinken erwidert wurde, und eilten dem Ranstädter

Tor zu. Nach und nach rückten mehrere Preuß. und Russ. Infanterie-Abteilungen in die Stadt und nahmen teilweise Stellung auf dem Marktplatz. Über das Schicksal des Königs so wie das seiner anwesenden Truppen konnte für jetzt nichts Bestimmtes in Erfahrung gebracht werden. Der Fürst Schwarzenberg kam in die Stadt, stieg am Hause des Königs ab, begab sich zu ihm, kehrte aber bald wieder nach der Vorstadt zurück. Sein Adjutant, Major von Schulenburg /: früher bei der Sächs. Garde du Corps :/ nahm während dieser Zeit den darin versammelten Polnischen Offiziers die Degen ab und übergab Erstere zum weitern Transport an Kosaken. Der Generalleutnant von Zeschau und von Gersdorff waren eben beim König. Jetzt erschien der Oberst und Intendant von Ryssel zu Pferd, mit gezogenem Degen, schien das Kommando der anwesenden Sächs. Truppen zu übernehmen, sprach etwas von Deutschlands Befreiung und setzte sich mit ihnen gegen das Ranstädter Tor in Marsch. Das Garde-Bataillon, als das letzte, wollte eben folgen, als ein Preuß. Stabsoffizier die Sachsen wieder auf ihre Plätze zurück wies mit der Bemerkung, dass man ihnen schon Befehl erteilen würde wenn sie marschieren sollten. Nur das Grenadier-Bataillon Anger, als das erste, erlangte das Ende der Hainstraße, und die 1ste Division des Bataillons unter Führung jenes Österr. Adjutanten Major Schulenburg /: auf Geheiß des Fürsten Schwarzenberg :/ das Ranstädter Tor, auch feuerten selbige auf die, das Tor noch jenseits besetzt haltenden Franzosen. Dieses Bataillon rückte nach einigen Hin- und Herzügen gegen Abend auf den Biwak vor dem Äußeren Grimmaischen Tore.

Ein erfolgter ausgezeichnet heftiger Knall, ließ die Sprengung der Elsterbrücke am Äußeren Ranstädter Tor vermuten.

Um 12 Uhr setzte der Oberst von Ryssel abermals die Sächs. Truppen in Bewegung; die hohen Monarchen würden ihren Einzug halten, hieß es, und man wollte ihnen entgegengehen. Das Garde-Bataillon folgte zuletzt, hinter der Abteilung unter Radeloff, und als eben die zwei ersten Züge des Bataillons das Grimmaische Tor passiert hatten, erschienen der Kaiser von Russland, der König von Preußen und der Kronprinz von Schweden nebst dem Fürsten Schwarzenberg mit einem sehr bedeutenden Gefolge. Gleicher Jubel der Leipziger Einwohner aus den Fenstern ward den Monarchen zu Teil. Vor dem Tor wimmelte es von Truppen aller Waffen. Die Sächs. Infanterie-Abteilungen wurden ganz verdrängt, und befanden sich in diesem Augenblick nicht in der angenehmsten Lage. Der Kronprinz von Schweden, welcher die Sächs. Garde noch von dem Feldzug 1809 kannte, rufte im Vorbeireiten derselben zu, dass sie bei dem König bleiben sollte. Die bereits vor dem Tore sich befindlichen beiden Züge nebst dem Bataillons-Kommandanten und die Abteilung unter Radeloff marschierten nun jener Weisung des Kronprinzen zufolge, so wie es der Gedrang der Truppen nur halbwegs gestattete, längs der Promenade, wo noch mehrere Tote und sterbende Verwundete lagen, durch das Peters-Tor wieder in die Stadt, während die noch innerhalb derselben befindlichen Züge sich in der Peterskirchhof-Gasse ohnfern des Peters-Tores aufstellten. Hier vereinigte sich das Bataillon, setzte die

Gewehre an, und verblieb auch die Nacht über in dieser Stellung. Die Abteilung unter Radeloff kehrte nach der Wohnung des Königs zurück, und begab sich in den zweiten Hof, auch hatten diese Mannschaften schon früher Quartier in der Stadt erhalten. Die übrigen Sächs. Truppen-Abteilungen bezogen einen Biwak vor dem Grimmaischen Tor, rechts der Straße nach Wurzen.

Jetzt erfuhr man die erschütternde Nachricht, dass der König als Gefangener betrachtet wurde. Eine Kompanie Russische Garde befand sich als Wache bei seiner Wohnung aufgestellt, doch war die Sächs. Garde-Wache und Posten für jetzt noch beibehalten worden. Den Sächs. Generälen von Zeschau, von Gersdorf, von Bose und Oberst von Heineken wurden die Degen abgenommen, aber einige Zeit darauf nach und nach wiedergegeben. Weder der Kaiser von Russland noch der König von Preußen hatten den König sehen wollen, nur der Kronprinz von Schweden war bei ihm gewesen.

Das Sächs. Garde-Bataillon hatte 72 Tote, Verwundete und Gefangene, über dem gingen selbigem seit seiner Formierung bis mit dem heutigen Tag 84 Kranke ab.

Den 20ten Oktober Das Garde-Bataillon verweilte den ganzen Tag und ebenfalls die folgende Nacht in seiner Aufstellung auf der Peterskirchhof-Gasse. Die Mannschaft befand sich ohne Löhnung und ohne Lebensmittel; nur die Mildtätigkeit der Leipziger Einwohner verschaffte ihr einige Nahrung, obwohl sehr kärglich, denn der in der Stadt und Umgebung eingetretene Mangel, besonders an Brot, übertraf alle Beschreibung. Eine tiefe Stille herrschte über die fernere

Bestimmung der Königlichen Familie. Durch die Stadt zogen mehrere Truppen der Alliierten, und lagerten zum Teil in großen Massen in der Gegend derselben; sie schienen sich nach so vielen Tagen der Anstrengung erholen zu wollen.

Den 21ten Oktober Vormittags vernahm man die für die Sachsen unerfreuliche Nachricht, dass zufolge der Übereinkunft der Verbündeten Mächte, der Russische Fürst Repnin das einstweilige General-Gouvernement des Königreiches Sachsen übernommen habe. Hieraus ging leider! hervor, dass der König fernerhin als Gefangener betrachtet werden sollte und der Regierung seiner angestammten Länder für jetzt enthoben sei.

Nachmittags 2 Uhr erhielt das Garde-Bataillon vom Obersten und Intendanten von Ryssel, welcher nunmehr seine Anhänglichkeit an die neue Regierung laut aussprach, und auf diesem veränderten Weg sein ferneres Glück zu begründen hoffte, die Weisung, vor das Äußere Grimmaische Tor, rechts der Straße nach Wurzen, wo bereits die übrigen Sächs. Truppen-Abteilungen sich befanden, zu marschieren, indem der Kronprinz von Schweden Revue über selbige halten würde.

Auf dem Grimmaischen Platz befand sich der König von Preußen zu Fuß mit einem seiner Adjutanten und sah das Sächs. Garde-Bataillon vorbeiziehen, welches ihm ein Lebe hoch! brachte. Der Grimmaische Steinweg trug noch die Zeichen des vorgestrigen Angriffs. Unzählige Kartätschen- und Kanonenkugeln waren auf beiden Seiten der Straße an den Häusern angeschlagen und der

Kot in derselben durch den fast ununterbrochenen Regen und die vielen Truppenmärsche so angehäuft, dass die noch vorhandenen Toten nur mit einzelnen Gliedern aus dem Schmutz hervorragten.

Vor dem Äußeren Grimmaischen Tor nahm das Bataillon neben den übrigen wenigen Sachsen Stellung, Front nach Wurzen zu und erwartete mit selbigen mehrere Stunden vergeblich die Ankunft des Kronprinzen. Auch die Garde-Abteilung unter Radeloff war aus der Stadt hier eingetroffen, die Königl. Familie befand sich also gänzlich ohne Sächs. Wache und förmlich in Russischen Händen, was eine Anordnung des Obersten und Intendanten von Ryssel gewesen sein soll.

Das Garde-Bataillon bezog nunmehr nebst der Abteilung unter Radeloff in erster Linie, und die übrigen Sächs. Truppen in zweiter Linie in der inne gehabten Aufstellung den Biwak, jedoch hinderte der gänzliche Mangel an Stroh das Erbauen von Hütten. Um dieses Sächs. Häuflein lagerten mehrere Russische und Schwedische Truppen, und in dem hinter der Front befindlichen Johannis-Kirchhof befanden sich mehrere Hundert Franz. Kriegsgefangene eingesperrt und von Kosaken bewacht. Hier herrschte die höchste Not, und das Fleisch gefallener Pferde war fast die einzige Nahrung dieser bedauernswerten Menschen.

Der Kaiser von Russland besuchte des Nachmittags die Königin von Sachsen, doch ohne den König zu sehen. Auf ihre bittere Äußerung, dass man ihnen nun auch Sächs. Garde-Wache entzogen habe, erwiderte der Kaiser, dass dies ohne sein Wissen geschehen sei, und gab sofort

Befehl, dass eine Kompanie der Sächs. Garde wieder nach Leipzig als Wacht beim König einrücken sollte, welches auch gegen 7 Uhr Abends erfolgte.

Den 22ten Oktober Die Sächs. Truppen-Abteilungen /: vermehrt durch das am 18ten Vormittags übergegangene leichte Infanterie-Bataillon Sahr und die bei Taucha in Gefangenschaft geratenen, aber wieder entlassenen Mannschaften des Bataillons Friedrich :/ blieben in ihrer Aufstellung.

Das Garde-Bataillon erhielt endlich durch die Vorsorge!! des Obersten und Intendanten von Ryssel zwei magere Kühe zu seiner Verpflegung.

Der spekulative Sinn der Gardisten hatte jedoch selbigen Gelegenheit an die Hand gegeben, sich einen kleinen Geldverdienst zu verschaffen, welcher einigermaßen die Entbehrung der Löhnung ersetzen musste, und ihnen die Mittel darbot, sich wenigstens, zwar für hohe Preise einige Nahrungsmittel zu verschaffen. Sie holten nämlich Nachts die Räder der, nur durch wenig Kosaken bewachten zahllosen Franz. Munitionswagen, verbrannten selbige und verkauften die in der Nabe befindlichen messingenen Buchsen an Leipziger Händler.

Der in Eilenburg krank zurück gebliebene Kapitän von Sahr traf wieder beim Bataillon ein.

Die neben den Sachsen lagernden Russen uns Schweden marschierten größtenteils ab.

Der König von Sachsen hatte ungeachtet seiner gebundenen Lage, auf geschehene Anfrage genehmigt, dass auch seine Truppen an dem ferneren Feldzug gegen Frankreich, Teil nehmen sollten.

Den 23ten Oktober Die Sächs. Garde-Wache des Königs traf unerwartet früh mit der höchst betrübten Nachricht auf dem Biwak ein, dass die Königl. Familie um 5 Uhr nach Berlin, als Gefangene, von Kosaken! Eskortiert, abgereist sei.

Vormittags hielt der neue General-Gouverneur des Königreichs Sachsen Fürst Repnin kurze Revue über die anwesenden Sächs. Truppen, welche aufs Baldigste wieder ergänzt und organisiert werden sollten. Zwei Unteroffiziers und 4 Grenadiers des Garde-Bataillons wurden als stehende Ordonnanzen zum Fürsten Repnin nach Leipzig kommandiert.

Nachmittags 3 Uhr erschien der Befehl, dass die Sächs. Truppen, um ihre Verpflegung einigermaßen zu verbessern, Kantonierungsquartiere beziehen sollten. Das Garde-Bataillon erhielt die beiden fast ausgeleerten Dorfschaften Böhlen /: Stab :/ und Zeschwitz auf dem linken Ufer der Pleiße ohnfern Rötha. Es marschierte sofort dahin ab.

Den 24ten Oktober Um den Mangel an Lebensmitteln in den Kantonnementsortschaften etwas abzuhelfen, wurde der Sousleutnant v.d. Palnitz mit 30 Mann nach den benachbarten Orten auf Entnahme gesendet, und traf mit einigen Vorräten an Brot, Kartoffeln pp. wieder ein.

Unvermutet erhielt das Bataillon Abends Ordre, sofort nach Grimma zu marschieren. Die Mulde sollte auf

Befehl des Fürsten Repnin gegen die etwaigen Unternehmungen der Dresdner Besatzung /: 1tes und 14tes Franz. Korps unter St.Cyr :/ von den Sächs. Truppen beobachtet werden. Grimma, Trebsen, Wurzen, Püchau und Eilenburg wurden folglich mit den Zastrowschen Kürassieren /: Diese und die Leib-Kürassier-Garde, war bei Weißenfels am 20ten von dem Kaiser Napoleon entlassen worden :/, der wenigen leichten Reiterei und der Infanterie besetzt. Die Garde-Kürassiere bildeten sechs so genannte mobile Kolonnen und erhielten ihre Bestimmung in Leipzig. 150 Mann der Radeloffschen Garde-Abteilung, unter dem Major von Jeschki, rückten nach Brandis zur Deckung des dasigen Hauptparks, der Rest, unter dem Oberstleutnant Radeloff, marschierte nach Leipzig. Sämtliche Sächs. Truppen kamen für jetzt unter die Befehle des in dieser Stadt eingetroffenen Generalmajors von Ryssel.

Das Garde-Bataillon trat den, wegen des schlechten Weges und Wetters sehr beschwerlichen Marsch noch in der Nacht an, und traf

den 25ten Oktober früh gegen 2 Uhr in Grimma ein. Hier stieß es mit den, unter dem Major von Metzradt stehenden, Zastrowschen Kürassieren zusammen, welche diesen Ort ebenfalls besetzten, und die Umgebung abpatrouillierten. Jenseits der Mulde, bei dem, auf einer Höhe liegenden Spital ward, auf der Leißniger Straße eine starke Infanterie- und eine Kavallerie-Feldwacht ausgesetzt. Sowohl die Gardisten als die Kürassiere erhielten Quartiere in der Stadt, welche mit keinen andern Truppen belegt war.

Den 26ten Oktober Das Garde-Bataillon ward befehligt sofort nach Bennewitz bei Wurzen zu marschieren, und sich auf zwei Tage mit Lebensmitteln zu versehen, welche auch mit leichter Mühe aufgebracht werden konnten, da Grimma nicht bedeutend gelitten hatte. Die zu beziehenden engeren und zum Teil ausgeleerten Quartiere machten diese Maßregel notwendig. Nachmittags 2 Uhr trat es den Marsch an und erhielt sein Unterkommen in Deuben, Grubnitz und Bennewitz /: Stab :/ auf dem linken Muldeufer nahe bei Wurzen, welches das Bataillon Sahr besetzt hielt.

Die bei Sellerhausen, ohnfern Leipzig, übergegangene Sächs. Infanterie und Artillerie, welche mit den Österreichern bis Zeitz marschiert war, traf unter dem Obersten von Brause gegen Abend ein und vereinigte sich mit den bereits an der Mulde aufgestellten Truppen, welches auch die Abänderung der Kantonnements verursacht hatte.

Die einstweilige Einteilung der sämtlichen nunmehr vereinigten Sachsen war folgende:

Die Infanterie kommandierte Oberst von Brause, sie zerfiel in zwei Brigaden.

<u>1ste Brigade   Major von Selmnitz</u>

1 Bataillon Leib-Grenadier-Garde

1 leichtes Infanterie-Bataillon von Lecoq

1 Bataillon Prinz Friedrich

1 Bataillon von Steindel

Eine Jäger-Kompanie

<u>2te Brigade   Major von Holleufer</u>

1 Grenadier-Bataillon Anger

1 Grenadier-Bataillon von Spiegel

1 leichtes Infanterie-Bataillon von Sahr

1 Bataillon Prinz Anton und Rechten

1 Bataillon von Niesemeuschel

1 Bataillon von Low

Leichte Reiterei   Major von Taubenheim, in 3 schwache Schwadronen Husaren und 1 Schwadron Ulanen formiert.

Schwere Reiterei   Major von Metzradt, aus 1 Schwadron Zastrow-Kürassiere bestehend.

Artillerie - Eine 6pfd.ge Fußbatterie von 8 Geschützen, eine 12pfd.ge von 6 Geschützen und zwei reitende, jede zu 4 Geschützen.

Der Brigadier, Major von Selmnitz nahm sein Quartier in Wurzen.

Den 28ten und 29ten Oktober Alles blieb in seinen bezogenen Kantonierungsquartieren. Vom Garde-Bataillon ward der Kapitän von Dziembowski d. 1ste krank nach Leipzig transportiert.

Der in Leipzig eingetroffene Russische Generalleutnant von Thielmann übernahm nach Bestimmung der alliierten Monarchen den Oberbefehl über sämtliche Sächs. Truppen und verblieb in gedachter Stadt.

Den 30ten Oktober Das Sächs. Korps erhielt den Auftrag, Torgau einstweilen mit einschließen zu helfen, indem ein Teil des 4ten Preuß. Korps Tauenzien zur Blokade dieser Festung bestimmt wurde, diesem aber für jetzt noch die nötige Stärke fehlte und das Eintreffen der Ergänzungstruppen erwartet werden musste. In dieser Absicht verließ das Korps seine Stellung an der Mulde, versammelte sich bei Audenhain, und bezog, bis zur Ankunft des Generals Tauenzien, gedrängte Kantonnierungsquartiere, zwischen der Schildauer und Eilenburger Straße, deren äußerster rechter Flügel Staupitz und der linke Mokrehna war. Die 1ste Brigade und daher auch das Garde-Bataillon kam nach Langen-Reichenbach, woselbst der von Leipzig eingetroffene Generalmajor von Ryssel sein Hauptquartier nahm, die 2te blieb in Audenhain. Die Ausgänge beider Dörfer nach Torgau zu, wurden mit Feldwachen besetzt.

Den 31ten Oktober und 1sten November Die Sächs. Truppen verweilten in ihren Kantonnements. Den 31ten Oktober hob eine vorgeschickte Rekognoszierung des leichten Infanterie-Bataillons Sahr einen über 30 Mann starken Franz. Vorposten am großen Teich bei Torgau auf. Ein Teil der zur Einschließung dieser Festung bestimmten Truppen, nebst dem General Tauenzien, traf auch an genanntem Tag ein. Der General nahm sein Hauptquartier in Dommitzsch und stellte erstere mit dem linken Flügel an die Elbe, und dehnte den rechten bis zu der Straße von Eilenburg und Düben aus.

Den 2ten November Das Sächs. Korps rückte näher gegen Torgau. Die 1ste Brigade mit dem Obersten von Brause marschierte über Staupitz, Beckwitz und machte bei Bennewitz Halt, während das zwischen der Elbe und dem großen Teich gelegene Loßwig und überhaupt die Gegend vor der Festung durch eine starke leichte Reiter-Patrouille, welche zwar mit der Nachricht zurück kam, dass alles vom Feind unbesetzt, auch derselbe nirgends zu erblicken sei, untersucht wurde. Hierauf rückten die Bataillone nach ihren angewiesenen Dörfern und ließen nur die zur Feldwacht bestimmten Abteilungen zurück.

Das Garde-Bataillon kam nach Kunzwerda /3te und 4te Komp. :/ und Wesenig /: Stab, 1te und 2te Komp. :/, wo auch der Brigadier Major von Selmnitz sein Quartier nahm. Das leichte Infanterie-Bataillon Lecoq und die Jäger blieben in Bennewitz, und die zwei übrigen Bataillone nach die mehr rückwärts gelegenen Orte Cranichau und Mederitzsch. Die 2te Brigade schloss sich links an die erste an und besetzte alle Dörfer bis gegen die Eilenburger Straße.

Das Hauptquartier des Generalmajor von Ryssel wurde nach Malitzschen gelegt. Der Oberst von Brause ritt nunmehr, begleitet vom Major von Selmnitz und sämtlichen Bataillons-Kommandanten und Adjutanten nach Loßwig vor, um die Vorpostenkette anzuordnen. Vorläufig ward bestimmt, dass 60 Mann leichte Infanterie Loßwig und 30 Gardisten das unfern dieses Dorfes von den Franzosen erbaute Blockhaus besetzten sollten, welche Mannschaften auch sofort ihren Marsch antraten.

Kaum hatte der Oberst von Brause mit seinem Gefolge die Höhe von Loßwig erreicht, als man eine Franz. Wagenkolonne am großen Teich gewahrte, welche Palisaden aus der Ratsheide nach Torgau führte, und den Weg nach dieser Festung in möglichster Schnelle einschlug. Die oben bemerkten vorgesendeten Besatzungen sowie ein unfern aufgestellter Reitertrupp machten sogleich einen Angriff auf diese Wagenkolonne, nahmen eine Anzahl Wagen, über 50 Pferde der Bespannung und mehr als 30 Mann gefangen, auch fanden sich gegen 80 Überläufer von den in der Festung befindlichen Deutschen Truppen ein. Eine andere Abteilung der Garde sowie eine der leichten Infanterie, die zu Feldwachen von ihren Dörfern bestimmt waren, marschierten eilends heran, um den ebenfalls verstärkten Feind, teils die nunmehr aus der Ratsheide hervorstürzende Bedeckung, teils die vom großen Teich herankommende Unterstützung, Widerstand zu leisten, worauf sich der Feind fechtend gegen die Festung zurück zog.

Der diesseitige Verlust bestand nur aus 7 Verwundeten. Loßwig und das Blockhaus besetzten nun die oben erwähnten Trupps, desgleichen stellte das Garde-Bataillon Feldwachen vor Kunzwerda und auf der Belgerschen Straße vor Wesenig, und das leichte Infanterie-Bataillon vor Bennewitz auf.

Die Dörfer Kunzwerda und Wesenig waren kurz vorher durch die Torgauer Besatzung rein ausgeplündert, und von einem Teil der Einwohner verlassen, die Nahrungsmittel daher äußerst sparsam, und beschränkten sich nur auf wenige Kartoffeln. Nach und nach wurden jedoch Austeilungen an Brot, Fleisch und Zugemüse für sämtliche Sächs. Truppen veranstaltet, denn da die Löhnung gänzlich ausblieb, so musste doch etwas geschehen, um den Lebensmut der Soldaten bei diesen harten Entbehrungen in einer rauen Jahreszeit wieder aufzurichten. Das bereits am 23ten September zu den Schweden übergegangene Bataillon des Königs /:

Major von Bünau :/ traf auch bei den Sächs. Truppen vor Torgau wieder ein.

Den 3ten November Früh 7 Uhr hatte der Feind das Blockhaus und Loßwig unvermutet angegriffen, und die Besatzung heraus gedrängt. Das Garde-Bataillon verlor hierbei 1 Toten und 3 Verwundete. Die Absicht des Feindes war, die ihm noch mangelnden Palisaden aus der, hinter dem großen Teich befindlichen, Ratsheide abzuholen. Zur Deckung dieses Unternehmens erschienen auf der Höhe bei Loßwig drei starke Bataillone, eine Batterie, und ungefähr 200 Reiter, meist Gendarmen. Alle Truppen rückten auf ihre Sammelplätze und zwar, zwei Kompanien des Grade-Bataillons /: 1te und 2te :/ nebst einer halben Batterie, vor Wesenig auf der Straße nach Belgern, da wo das von Bennewitz kommende Wässerchen selbige durchschneidet, die zwei andern vor Kunzwerda; die Jäger und das leichte Infanterie-Bataillon Lecoq vor Bennewitz und rechts dieses Dorfes. Die noch rückwärts stehenden Bataillone marschierten zur Unterstützung heran. Der Feind fuhr vor Loßwig eine Batterie auf, und beschoss beide Garde-Kompanien /: 1te und 2te :/ aber so schlecht, dass ungeachtet der kurzen Entfernung und der ziemlich langen Dauer dieser Kanonade, jene Kompanien nicht einen Verwundeten zählten. Diesseits wurde das Feuer kräftiger erwidert, und zwei Franz. Geschütze demontiert. Jetzt näherte sich von Loßwig aus eine feindliche Tirailleurlinie, den beiden vor Kunzwerda stehenden Garde-Kompanien, erhielt aber von den hinter Gesträuch aufgestellten Plänklern einen gehörigen Empfang und kehrte eiligst wieder nach

Loßwig zurück. Hierauf verließ der Feind, welcher in dieser Zeit seinen Zweck zum Teil erreichte, Loßwig und ging nach dem Teichdamm zurück. Ein Ploton der 4ten Kompanie /: Pltn. von Kiesewetter :/ des Garde-Bataillons besetzte sofort dies Dorf und feuerte aus dem Kirchhof und vom Kirchturm auf den bei jenem Damm noch stehenden Feind, welcher sich endlich ebenfalls zurück zog. Auch das leichte Infanterie-Bataillon Lecoq hatte sich, nebst ½ Batterie vor Bennewitz mit dem Feind beschäftigt. Gleichzeitig war gegen den linken Flügel der Sachsen, vom so genannten Entenfange her, eine Franz. aus 2 Bataillonen und einer Batterie bestehende Kolonne vorgegangen, traf unvermutet bei Melpitz auf zwei Sächs. Bataillone /: leichtes Bataillon Sahr und komb. Bataillon Anton und Rechten :/ welche sie mit Nachdruck empfingen und wieder nach der Festung zurückwiesen. Nachmittags gegen 3 Uhr endete das Gefecht, und die Sächs. Truppen kehrten in ihre Kantonnements zurück. Auch eine schwache Abteilung Preuß. Infanterie traf vom rechten Elbufer /: General Wobeser kommandierte daselbst :/, wo sie übergesetzt wurde, indem die Schiffsbrücke bei Pilswerda erst den 6ten November ihre Beendigung erhielt, ein, erschien zur Unterstützung, als sich das Gefecht bereits seinem Ende nahte, und kehrte daher, unverrichteter Sache zurück.

Das bei Loßwig befindliche Blockhaus wurde auf Anordnung des Generalmajor von Ryssel zerstört, und das Dorf nur als Vorposten leicht besetzt. Der dahin kommandierte Offizier erhielt Befehl, sich bei Annäherung feindlicher Übermacht sofort zurück zu ziehen.

Den 4ten November Alles verhielt sich ruhig. Der Franz. Gouverneur von Torgau, General Narbonne, welcher kurz darauf an den Folgen eines Sturzes mit dem Pferd, starb, entließ sämtliche in der Festung noch befindliche Sächs. Offiziere und Soldaten der Depots, unter Befehl des Generalmajor von Mellentin, auf das rechte Elbufer nach Herzberg.

Es kamen gestern so wie heute viel Deutsche Überläufer bei den Feldwachen an.

Den 5ten November Der Feind unternahm abermals gegen 9 Uhr früh einen Ausfall mit 4 Bataillonen und 8 Geschützen vom Teichdamme her, besetzte Loßwig, drang auf der Straße nach Schilda gegen Staupitz und Beckwitz vor, und warf die Vorposten von Staupitz zurück. Das bei eben genannten Dorf stehende komb. Bataillon Anton und Rechten, welches eben zum Exerzieren ausgerückt war, setzte sich dem ferneren Vordringen entgegen, und drückte selbigen, unterstützt von den aus Beckwitz kommenden 3 Bataillonen, in das Holz zurück. Hier fasste jedoch der Feind festen Fuß, zog seine ganze Stärke dahin und ließ auf dem Teichdamm nur ein Bataillon und einige Geschütze. Er drang hauptsächlich gegen Beckwitz vor, während dem im Wald die Palisaden gehauen und aufgeladen wurden. Schon brachte der erneuerte feindliche Angriff die Plänkler der diesseitigen, von der rückwärts kantonnierenden Truppen noch unterstützten schwachen Bataillone zum Weichen, als ein entschlossener Bajonett-angriff des Grenadier-Bataillon Anger vollkommen gelang, und den Feind nötigte, den Rückzug aus der Ratsheide anzutreten. Das Garde-Bataillon hatte während dieser Vorgänge die Stellung vom 3ten wieder eingenommen und Plänklerlinien unfern der Front gegen Loßwig aufgestellt, der selbe Fall war ebenfalls mit dem in Bennewitz stehenden leichten Infanterie-Bataillon und Jägern, doch da der feindliche Angriff mehr gegen die 2te Brigade gerichtet war, so fiel hier nichts bedeutendes vor.

Alle rückwärts liegenden Truppen marschierten gleichfalls eiligst zur Unterstützung heran. Die leichte Reiterei stellte sich auf der ebenen Fläche, vorwärts Bennewitz, links der Belgerschen Straße, auf, und hatte eine reitende Batterie bei sich. Als der Feind Loßwig bald nachher verließ, ward selbiges Dorf vom Bataillon Friedrich besetzt. Ersterer zog sich auf dem Teichdamme zusammen, wurde aber hier vorzüglich von der reitenden Artillerie, welche ohnfern der Loßwiger Kirche auffuhr, so wirksam beschossen, dass er schleunigst nach der Festung zurück ging. Wahrscheinlich war diesmal die Hauptabsicht des Feindes, außer dem Abholen der Palisaden, die Linie der Kantonnements zu durchbrechen und einige Ortschaften auszuleeren. Der Verlust der Sächs. Truppen betrug an 90 Tote und Verwundete, doch soll der des Feindes viel bedeutender gewesen sein. Nach 3 Uhr rückten sämtliche Truppen wieder in ihre Kantonnements ein.

Noch während des Gefechtes traf der Oberstleutnant von Radeloff von Leipzig aus, welcher den Major von Jeschki von Brandis an sich gezogen hatte, mit allen noch dienstfähigen Mannschaften der Garde, nebst dem Kapitän von Kiesewetter und Sousleutnant von Minkwitz, ein. Alle übrigen Gardisten, unter dem Kapitän von Warnsdorf, blieben als Depot in Leipzig und marschierten nach der am 12ten November erfolgten Übergabe von Dresden, nach dieser Stadt, welche auch der General-Gouverneur Fürst Repnin, zu seinem Aufenthalt wählte. Der Oberstleutnant von Radeloff übernahm das Kommando des Garde-Bataillons und der bisherige Kommandant so genannten Kaiser-Garde-Bataillons Major von Dreßler trat als Kapitän I^{ster} Klasse und aggr. dienstleistender Major, jedoch immer bei dieser Garde angestellt, zurück. Er wurde am selbigen Tage vom Nervenfieber befallen und den 8ten November ins Hospital nach Belgern und kurz darauf nach Hubertusburg transportiert, wohin auch alle Verwundeten und Kranken der Sächs. Truppen, wie früher bereits geschehen, geschafft wurden. Das Garde-Bataillon zählte seit Leipzig, außer einem Gebliebenen, 24 Verwundete und Kranke.

Der Oberst von Seidewitz war wieder beim Korps angekommen; ihm wurde das Kommando der Bataillone Friedrich Rechten und Steindel übertragen, der Oberst von Brause behielt das der übrigen Infanterie.

Die Einteilung in Brigaden fand vor der Hand nicht mehr statt, der Major von Selmnitz übernahm wieder das Kommando des leichten Infanterie-Bataillons Sahr, und der Major von Holleufer meldete sich beim Oberst-leutnant von Radeloff zur Dienstleistung bei der Garde; das Bataillon Anton wurde von Rechten getrennt.

Zur Verhütung von ähnlichen Ausfällen der Besatzung stellte man nun 1 Bataillon mit 2 Kanonen an der Spitze des Teichdammes bei dem so genannten Teichwärterhause, wo ein Verhau angelegt wurde, auf. Ein Bataillon und 40 Reiter besetzten Loßwig auf dem rechten und 1 Bataillon und 26 Reiter Melpitz auf dem linken Flügel. Diese Posten bildeten daher die erste Linie der Sächs. Aufstellung vor der Festung.

Vom 5ten bis 14ten November fiel bei dem Sächs. Korps kein feindlicher Angriff vor. Es blieb unangefochten in der innegehabten Aufstellung und man arbeitete während dieser Zeit, jedoch ohne Erfolg, an der Ableitung des Wassers aus dem großen Teich in den so genannten Loßwiger See. Die Husaren und Ulanen, welche seit der Schlacht bei Leipzig mit der Schlesischen Armee schon bis Eisenach vorgegangen waren, trafen den 6ten ebenfalls vor Torgau ein.

Die gesamten Sächs. Truppen wurden am 14ten November durch eine Preuß. Brigade abgelöst und marschierten über Eilenburg, in die Gegend von Merseburg, wo selbige auf dem linken Saaleufer mehrere Wochen kantonnierten, um für den Feldzug in Frankreich aufs Neue formiert und organisiert zu werden.

Und somit schließen die Begebenheiten des Sächs. Garde-Bataillons unter Kommando des Major von Dreßler, während eines zwar kurzen aber sehr erfolgreichen, verhängnisvollen Zeitraums, welcher manches nicht Vorhergesehene, manches kaum Geahndete enthielt. Noch immer hing ein dichter Schleier über Sachsens Zukunft. Als Gefangener war der gerechte, fromme Monarch, bei seinem vorgerückten

Alter, in Berlin behandelt. Zu dem baldigen Wiederbesitz der seit Jahrhunderten dem Sächsischen Haus angestammten Erbländer, beitragen zu können, war der heiße Wunsch jedes rechtlich denkenden Sachsen, und dahin strebten seine Hoffnungen, besonders da die verbündeten Monarchen feierlich erklärt hatten, dass sie keinen Eroberungskrieg sondern einen heiligen Krieg zur Befreiung Deutschlands von dem Franz. Joche führten.

Freudig schlossen sich die so gesinnten Sächs. Krieger, nach dem eigenen Wunsch ihres unglücklichen Königs, an die Reihen der Alliierten, um nach beendigten großen Kampf ihren geliebten Landesvater wieder aufs Neue in ihrer Mitte zu erblicken.

ഌ ✳ ଐ

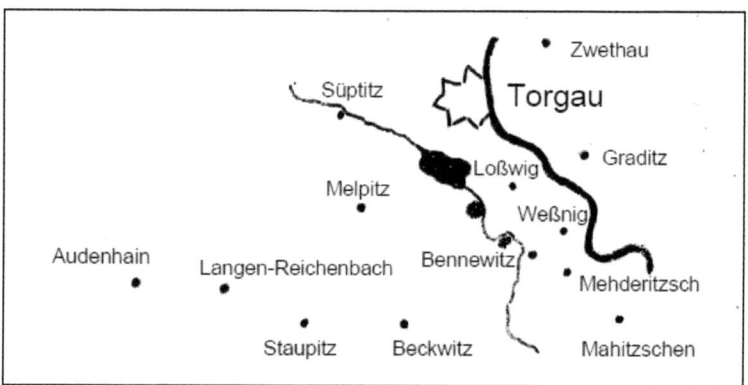

Abb.05   Torgau und Umgebung

Quellen

Hauptstaatarchiv Dresden

Bestand 11 339 Generalstab Nr. 279 – Das Sächsische Garde Bataillon unter Commando des Capitaines nachherigen Majors von Dreßler vom 14. August bis 5. November 1813

Richter – Der Königlich Sächsische Militär-St.Heinrichs-Orden 1736 – 1918 – Frankfurt 1964

Stamm- und Rangliste der Kön: Sächsichen Armee auf das Jahr 1813 – Dresden 1813

Wächtler – Die Königlich Sächsischen Mitglieder der Ehrenlegion 1807 – 1813 – Chemnitz 2002

Abbildungen

Abb.01 Hauptstaatsarchiv Dresden, Bestand 11 339 Generalstab Nr. 279 – Deckblatt Akte

Abb.02, 03 und 05   Herausgeber

Abb.04 www.de.wikipedia.org/wiki/Leipziger_Stadttore

In dieser Reihe sind an Memoiren, Berichten und Tagebüchern bisher erschienen: